Índia, lar dos deuses e terra das multidões: uma aproximação às religiões indianas

O selo DIALÓGICA da Editora InterSaberes faz referência às publicações que privilegiam uma linguagem na qual o autor dialoga com o leitor por meio de recursos textuais e visuais, o que torna o conteúdo muito mais dinâmico. São livros que criam um ambiente de interação com o leitor – seu universo cultural, social e de elaboração de conhecimentos –, possibilitando um real processo de interlocução para que a comunicação se efetive.

Índia, lar dos deuses e terra das multidões: uma aproximação às religiões indianas

Joachim Andrade

Rua Clara Vendramin, 58 | Mossunguê | CEP 81200-170 | Curitiba | PR | Brasil
Fone: (41) 2106-4170 | www.intersaberes.com | editora@editorainterseberes.com.br

Conselho editorial Dr. Ivo José Both (presidente) | Dr³ Elena Godoy | Dr. Neri dos Santos | Dr. Ulf Gregor Baranow ‖ *Editora-chefe* Lindsay Azambuja ‖ *Gerente editorial* Ariadne Nunes Wenger ‖ *Analista editorial* Ariel Martins ‖ *Preparação de originais* Palavra Arteira Edição e Revisão de Texto ‖ *Edição de texto* Gustavo Ayres Scheffer | Fábia Mariela De Biasi ‖ *Capa e projeto gráfico* Sílvio Gabriel Spannenberg (*design*) | marssanya e Ryan Janssens/Shutterstock (imagens) ‖ *Diagramação* Rafael Zanellato ‖ *Equipe de design* Iná Trigo | Sílvio Gabriel Spannenberg ‖ *Iconografia* Sandra Lopís da Silveira | Regina Claudia Cruz Prestes

Dados Internacionais de Catalogação na Publicação (CIP)
(Câmara Brasileira do Livro, SP, Brasil)

Andrade, Joachim
  Índia, lar dos deuses e terra das multidões: uma aproximação às religiões indianas/ Joachim Andrade. Curitiba: InterSaberes, 2020. (Série Panorama das Ciências da Religião)

  Bibliografia.
  ISBN 978-85-227-0266-4

  1. Cultura – Índia 2. Diversidade religiosa 3. Índia – Civilização 4. Índia – Religião – História 5. Religiosidade – Índia I. Título. II. Série.

19-32167   CDD-294

Índices para catálogo sistemático:
1. Índia: Diversidades religiosas   294

Maria Paula C. Riyuzo – Bibliotecária – CRB-8/7639

1ª edição, 2020.

Foi feito o depósito legal.

Informamos que é de inteira responsabilidade do autor a emissão de conceitos.

Nenhuma parte desta publicação poderá ser reproduzida por qualquer meio ou forma sem a prévia autorização da Editora InterSaberes.

A violação dos direitos autorais é crime estabelecido na Lei n. 9.610/1998 e punido pelo art. 184 do Código Penal.

SUMÁRIO

8 | Apresentação
12 | Como aproveitar ao máximo este livro

16 | **1 Panorama geral da Índia: mapeamento das paisagens**
17 | 1.1 Dialogando com a cultura indiana: as diversas paisagens
24 | 1.2 Índia: um lugar de contradições
25 | 1.3 Olhar sob duas perspectivas
27 | 1.4 Diversidades indianas
29 | 1.5 Rumo ao uno e múltiplo

36 | **2 Do vedismo ao hinduísmo: uma religião de templos e divindades**
37 | 2.1 Experiência direta
38 | 2.2 Origem
40 | 2.3 As fases da tradição hindu
46 | 2.4 As sagradas escrituras
47 | 2.5 O conceito de Deus
54 | 2.6 Templos hinduístas
58 | 2.7 Teoria do carma e os princípios éticos
63 | 2.8 Sistema de castas

71 | **3 Jainismo: uma religião ascética**
72 | 3.1 Breve histórico de Vardhamana Mahaveera
74 | 3.2 A cosmologia do jainismo
75 | 3.3 Doutrina jainista
78 | 3.4 Asceticismo jainista
79 | 3.5 Textos sagrados
80 | 3.6 Templos jainistas
82 | 3.7 Os dois ramos do jainismo
84 | 3.8 Panorama atual

89 | **4 Budismo: busca da religiosidade a partir da racionalidade**
90 | 4.1 Contexto histórico
90 | 4.2 Breve histórico de Buda
94 | 4.3 A doutrina budista
101 | 4.4 Textos sagrados budistas
104 | 4.5 Difusão do budismo
105 | 4.6 Escolas budistas

113 | **5 Sikhismo: a religião dos gurus**
113 | 5.1 O contexto da origem do sikhismo
114 | 5.2 Guru Nanak (1469-1539)
116 | 5.3 O livro sagrado: *Guru Granth Sahib*
118 | 5.4 A doutrina do sikhismo
121 | 5.5 O Templo Dourado
122 | 5.6 As cinco observações dos sikhs
125 | 5.7 Os 10 gurus do sikhismo

134 | **6 Tradições tribais e religiões estrangeiras**
135 | 6.1 Religiões tribais indianas
141 | 6.2 Religiões estrangeiras
150 | 6.3 Outras tradições religiosas

156 | Considerações finais
160 | Glossário
165 | Referências
169 | Bibliografia comentada
171 | Respostas
172 | Sobre o autor

APRESENTAÇÃO

Descrever a Índia não é uma tarefa fácil. O subcontinente indiano apresenta uma diversidade tão peculiar que não permite qualquer análise ou explicação. Contudo, sabemos que, entre todas as diversidades indianas, a religião se destaca, uma vez que o país abriga adeptos de diversas crenças e, com isso, acolhe divindades de várias religiões. Desse modo, a Índia pode ser considerada a *terra dos deuses* desde três mil anos antes de Cristo, pois o processo de invasões do país iniciou-se nessa época com a vinda dos arianos e, posteriormente, de outros povos. Na maioria das culturas, em geral, as divindades são substituídas ou morrem ao longo do tempo, mas a Índia conseguiu preservar os deuses da região, os quais, em alguns casos, fundiram-se, produzindo novos seres; em outros, conseguiram manter e firmar a própria identidade.

Desde tempos imemoriais, a Índia é uma terra de mudança dinâmica e de enorme diversidade. A evolução social, a convivência com o diferente e a atitude pacífica e política do povo desse subcontinente ao longo dos séculos enriqueceu enormemente a cultura local, possibilitando a origem de grandes tradições religiosas. Por um lado, a história gloriosa da Índia conta a prosperidade da região; por outro, apresenta também a destruição causada pela invasão de forças externas. Observamos essa prosperidade não somente no campo religioso, mas também em outras áreas, especialmente em palácios e em outros monumentos. As ruínas contam as histórias de sobrevivência indiana, e a beleza de esculturas e da arquitetura falam por si, como o belo Taj Mahal. Portanto, a Índia atrai todos os tipos de pessoas: historiadores, artistas, religiosos, médicos, gastrônomos, entre outras.

A paisagem indiana é fascinante: não é única, mas múltipla. Trilhar o caminho de múltiplos panoramas é uma tarefa muito complexa. Andando de norte a sul da Índia, encontramos inúmeros templos e variadas divindades – Brahma, Visnhu e Shiva, Ganesha, Hanuman, Krishna, Rama e Narasimha. As deidades femininas também têm seu lugar – Saraswati, Urvashi e Parvati, além de Sita, Durga e Radha. É fácil notar também outros deuses, como Jesus, Guru Nanak, Buda, Mahaveera e Bahubali, e outras personagens consideradas divinas, como Sai Baba, Gandhi e Madre Teresa de Calcutá. Todas essas divindades nos levam a ultrapassar as barreiras e nos ajudam a construir uma ponte entre o passado e o presente, entre o agora e a eternidade.

Nesta obra, pretendemos apresentar ao leitor ocidental o universo religioso da Índia, trilhando o caminho das tradições que nasceram na região e daquelas que vieram de fora e foram abrigadas pelos indianos. Dividimos o conteúdo do livro em seis capítulos. No Capítulo 1, buscaremos inserir o leitor no contexto indiano. Para isso, abordaremos as múltiplas diversidades indianas tanto no campo geográfico quanto nos campos religioso, humano e gastronômico. Também destacaremos a serenidade da cultura indiana para conter todas as contradições sociais e as variedades religiosas.

No Capítulo 2, trataremos da principal tradição religiosa indiana, o hinduísmo, que não afirma a própria origem, apenas a remete a tempos eternos. Mostraremos as raízes dessa tradição com base na experiência religiosa de místicos de tempos diversos. Buscaremos apresentar em ordem cronológica o desenvolvimento, a construção do conteúdo religioso e as reformas que ocorreram ao longo dos anos nessa tradição. Enfatizaremos aos templos, apresentando seus significados específicos que apontam a vivência da ética e os caminhos da libertação. Também abordaremos o complexo tema do sistema de castas, que desperta curiosidade em muitos ocidentais.

Dedicaremos o Capítulo 3 a uma das correntes mais ascéticas da Índia e pouco conhecida no Ocidente, o jainismo. Essa tradição nasceu como uma reforma no interior do hinduísmo, ainda que tenha mantido práticas ritualísticas dessa religião. Analisaremos seu fundador, bem como o nascimento e os aspectos doutrinais do jainismo, que dispõe de uma cosmologia peculiar, além de tratarmos de suas ramificações posteriores.

No Capítulo 4, apresentaremos a tradição budista, bastante difundida aqui no Brasil e que tem adeptos no Ocidente, em razão de sua forma de transmitir valores doutrinais. Essa tradição não reconhece a divindade, portanto, todo esforço reside no ser humano, que, com a racionalidade, tenta encontrar seu lugar no caminho da iluminação. O fundador do budismo foi muito mais radical do que o do jainismo ao buscar uma ampla reforma no hinduísmo, criticando as práticas ritualísticas e apontando o caminho do meio com a meditação. Examinaremos o universo doutrinário budista com ênfase na figura da personalidade que o instituiu e de seu método para chegar à iluminação, além das ramificações dessa tradição e sua difusão no Ocidente.

No Capítulo 5, discutiremos a tradição sikhismo, que também é menos conhecida e difusa no Ocidente. Trata-se de uma tradição que nasceu da fusão de duas tradições principais, o hinduísmo e o islamismo. Relativamente nova, essa corrente busca conceder importância aos gurus, voltando-se à doutrina e à recitação de hinos do livro sagrado. Nesse sentido, analisaremos os fatores que permitiram seu surgimento, os motivos que a levaram a dar grande importância aos gurus e de que forma foi desenvolvida tal doutrina.

Por fim, no Capítulo 6, debateremos as religiões tribais e estrangeiras que fincaram os pés na Índia. As primeiras são aquelas originárias da própria região, mas que, por terem sido dominadas pelas crenças de povos invasores, não tiveram a oportunidade de elaborar seus conteúdos como aspiravam. Além disso, como foram dominadas, a maior parte dos membros foi convertida às religiões dos povos invasores. As tradições que vieram de fora, como o cristianismo e o islamismo, conseguiram marcar sua presença em formas diversas, ao passo que judeus e parses, em razão da natureza de suas doutrinas, não conseguiram se expandir na Índia.

Nesse contexto, em todos os campos, a Índia surpreende em aspectos tanto positivos quanto negativos. O importante é acompanhar o fio condutor que passa pelas tradições religiosas que conseguem preservar a unidade na diversidade ao mesmo tempo em que se preocupa com a diversidade na unidade. Talvez essa seja a chave do pensamento indiano para acolher as diversas tradições e suas várias divindades. Portanto, o caldeirão de crenças conhecido como *terra dos deuses* tem muito a oferecer à humanidade, que sempre está em busca de unidade e equilíbrio.

Boa leitura!

COMO APROVEITAR AO MÁXIMO ESTE LIVRO

Empregamos nesta obra recursos que visam enriquecer seu aprendizado, facilitar a compreensão dos conteúdos e tornar a leitura mais dinâmica. Conheça a seguir cada uma dessas ferramentas e saiba como elas estão distribuídas no decorrer deste livro para bem aproveitá-las.

Introdução do capítulo
Logo na abertura do capítulo, informamos os temas de estudo e os objetivos de aprendizagem que serão nele abrangidos, fazendo considerações preliminares sobre as temáticas em foco.

Fique atento!
Ao longo de nossa explanação, destacamos informações essenciais para a compreensão dos temas tratados nos capítulos.

Importante!
Como afirma Carrière (2002, p. 6), "A Índia observa analisa a si mesma (o que chega a ser um dos exercíc dos indianos), mas ela não explica a si mesma". Nisso, um fio condutor comum – o *dharma*, que por vezes como "dever" e, em outros momentos, como "verdac ceito acolhe todas as tradições como se fossem filhas à experiência familiar em que todos são acolhidos diferenças.

Porém, estabelecer a unidade na diversidade e a na unidade era uma perene inquietação dos filósof desde os tempos antigos. Toda a produção intelectua ocorreu em torno dessa inquietação. Assim, ainda de Carrière (2002, p. 6), "O disparate indiano talvez t mais exatamente um povo, do que esta ou aquela n

Importante!
Algumas das informações centrais para a compreensão da obra aparecem nesta seção. Aproveite para refletir sobre os conteúdos apresentados.

---

p. 18). A palavra *hindu* parece ter sido inventada pelo árabes, quando invadiram a Índia, para manter a purez e de sua crença, que é a islâmica. Além disso, uma ir remete a uma subdivisão: *hi*, que vem da palavra *hims* "violência", e *du*, que vem da raiz *dur*, significa "distant o hindu é aquele que permanece longe da violência.

Curiosidade

Figura 2.1 – *Om* sagrado do hinduísmo

O símbolo conhecido como *Om* ou *Aum* é um som s os hindus, a semente de todos os mantras ou de toda

Curiosidade
Nestes boxes, apresentamos informações complementares e interessantes relacionadas aos assuntos expostos no capítulo.

---

esta: apresentar as possibilidades de conviver com as des e, ao mesmo tempo, uni-las, preservando as espec de cada lugar.

Síntese
Neste capítulo, apresentamos a Índia, um país com dive gens, as quais, por sua vez, revelam a face da cultura dac Dessa cultura, nasceram crenças que se difundiram em c filosóficos e espirituais por todo o mundo.
Destacamos que as diversidades indianas formam um que busca respeitar as diferenças e, ao mesmo temp var a unidade. As diferenças, apesar de extremas e rac

6 Os sete estilos são a incorporação e o refinamento de diversas expressões relig diferentes. Cada estilo surgiu em uma região e mais tarde expandiu-se par São eles: bharatanatyam, odissi, kathakali, mohini attam, kathak, manipu Essas expressões artísticas são chamadas de *clássicas*, pois pertencem ao uni portanto, o dos templos. Existem também as danças como expressões cultu informações sobre a dança indiana, sugerimos a leitura de Andrade (2008).

Síntese
Ao final de cada capítulo, relacionamos as principais informações nele abordadas a fim de que você avalie as conclusões a que chegou, confirmando-as ou redefinindo-as.

> **INDICAÇÃO CULTURAL**
> ÍNDIA: o caminho dos deuses. Direção: Ítala Nandi. Brasil, 19[...]
> Esse documentário oferece um panorama real da Índi[a...]
> base contos, lendas e histórias da região. A própria [...]
> uma viagem pela Índia, apresentando lugares, temp[los,]
> sítios arqueológicos com comentários pertinentes e [...]
> adequadas. É interessante notar que esse filme faz [...]
> mento mais religioso da Índia, permitindo, assim, q[ue seja]
> bem compreendida a cultura indiana.
>
> **ATIVIDADES DE AUTOAVALIAÇÃO**
> 1. Por que descrever a Índia é uma tarefa muito difí[cil?]
>   a) A Índia foi criada pelo deus Brahma na miséri[a.]
>   b) A Índia é um país repleto de contradições extr[emas.]
>   c) A Índia é um país oriental com mentalidade o[cidental.]
>   d) A Índia possui uma bomba atômica.
>   e) A Índia é um país desorganizado.

Indicação cultural
Para ampliar seu repertório, indicamos conteúdos de diferentes naturezas que ensejam a reflexão sobre os assuntos estudados e contribuem para seu processo de aprendizagem.

> **ATIVIDADES DE AUTOAVALIAÇÃO**
> 1. Por que descrever a Índia é uma tarefa muito difícil?
>   a) A Índia foi criada pelo deus Brahma na miséria.
>   b) A Índia é um país repleto de contradições extrema[s.]
>   c) A Índia é um país oriental com mentalidade ocide[ntal.]
>   d) A Índia possui uma bomba atômica.
>   e) A Índia é um país desorganizado.
> 2. Identifique as três paisagens marcantes da Índia:
>   a) A paisagem humana, a paisagem dos bois e a pais[agem do] tuk-tuk.
>   b) A paisagem da comida, a paisagem da bebida e a p[aisagem] da montanha.
>   c) A paisagem dos sabores; não existem outras pais[agens na] Índia.
>   d) A paisagem humana, a paisagem das crenças e a p[aisagem] dos sabores.
>
> a) V, F, V, F, F.
> b) F, F, F, V, V.
> c) V, F, F, F, F.
> d) V, V, V, V, V.
> e) F, F, F, F, F.
>
> **ATIVIDADES DE APRENDIZAGEM**
> Questões para reflexão
> 1. Pelo fato de ter sido invadida por povos diversos, a Ín[dia é um] lugar de diversidade e, ao mesmo tempo, de unidade. [A convi]vência entre religiões, etnias e culturas faz parte da [cultura] indiana. Contudo, observamos no mundo atual o fenô[meno das] migrações que causam problemas de convivência ha[rmônica] entre os povos. Há violência e discriminação, além da [...]

Atividades de autoavaliação
Apresentamos estas questões objetivas para que você verifique o grau de assimilação dos conceitos examinados, motivando-se a progredir em seus estudos.

Atividades de aprendizagem
Aqui apresentamos questões que aproximam conhecimentos teóricos e práticos a fim de que você analise criticamente determinado assunto.

BIBLIOGRAFIA COMENTADA

BOWKER, J. **Para entender as religiões**: as grandes r[eligiões] mundiais explicadas por meio de uma combinação de texto e imagens. São Paulo: Ática, 1997.
John Bowker apresenta o universo das tradições religiosas de ilustrações. Todas as tradições contidas nessa obra [têm] uma rica simbologia, e o autor trata minuciosamente os sig[nificados] de cada figura, facilitando sua compreensão. O texto com[binado] é um método muito criativo que simplifica a aprendizag[em].

BRUNNER-TRAUT, E. (Org.). **Os fundadores das gran**[des...]

Bibliografia comentada

Nesta seção, comentamos algumas obras de referência para o estudo dos temas examinados ao longo do livro.

1 PANORAMA GERAL DA ÍNDIA: MAPEAMENTO DAS PAISAGENS

Traçar um panorama geral da Índia é uma tarefa complexa, pois trata-se de um país de contradições e de extremos, onde é possível observar, em um raio de cinco quilômetros, todas as diversidades da região. Entre elas, a religiosa parece ser predominante e engloba todas as outras.

A Índia é um lugar de intensidade humana. As pessoas se movimentam o tempo todo em um perene fluxo migratório, na maioria das vezes, em busca de sobrevivência e sem nem mesmo saber por que o fazem. Há templos, ritos, cidades milenares, multidões heterogêneas e multicoloridas, sons de buzinas de veículos, mulheres, mendigos e *sadhus* (homens santos), tudo à disposição dos sentidos. Assim, a visão, a audição e o olfato são plenamente explorados em experiências cotidianas. De fato, a diversidade indiana tem contrastes violentos, conforme descreve sabiamente Paz (1995, p. 41):

> modernidade e arcaísmo, luxo e pobreza, sensualidade e ascetismo, incúria, e eficácia, mansidão e violência, pluralidade de castas e de línguas, deuses e ritos, costumes e ideias, rios e desertos, planuras e montanhas, cidade e pequenos povoados, a vida rural e a industrial a distância de séculos no tempo e juntos no espaço.

Tudo isso é a Índia. Portanto, neste capítulo, faremos o mapeamento geral desse país, destacando a diversidade que se encontra no interior da religiosidade indiana.

1.1 Dialogando com a cultura[1] indiana: as diversas paisagens

A peculiaridade mais notável e que resume a Índia não é de índole econômica ou política, mas sim religiosa: a coexistência de diversas religiões. Nesse sentido, a Índia é um país de variedades de naturezas diferentes e elas são contempladas não somente no campo geográfico, mas também no campo cultural, que foi construído pelos indianos ao longo dos milênios. O uso da palavra *paisagem* é uma tentativa de "costurar" a extensão do tempo, pois, na paisagem, o passado, o presente e o futuro se encontram no mesmo espaço e, assim, ela se torna a primeira porta para conhecermos as religiões indianas.

A questão principal reside em descobrir como adquirir familiaridade com essas diversas paisagens. Sabemos que os órgãos dos sentidos nos levam ao contato com o mundo externo. As tradições desérticas como judaísmo, cristianismo e islamismo enfatizam mais fortemente a audição, no entanto, nenhuma obra humana pode ser construída na imensidão do deserto. Na Índia, há uma grande extensão de terra fértil, um terreno plano, adequado para construção de grandes obras e imagens humanas que tendem a prender a atenção por meio da visão. Nessa realidade, é impossível não enxergar a variedade de elementos que a região apresenta.

---

[1] Entendemos a cultura como um setor ou uma esfera das atividades humanas que contemplam: (1) os aprendizados no ambiente familiar em que podemos identificar a fé e as relações; (2) o lado da esfera sociopolítica e econômica. Nesse caso, a cultura é considerada "ideológica" no sentido amplo: educação, arte, religião e atividades espirituais.

A primeira viagem de um ocidental à Índia pode ser impactante, sobretudo quando o viajante constata as contradições da condição humana na região: miséria, falta de higiene, desordem no trânsito, presença da multidão, entre outras. Tudo parece levar a pessoa ao mundo primitivo antigo, podendo fazer, assim, com que ela fique profundamente decepcionada e queira retornar para casa imediatamente. Entretanto, como explica Carrière (2002, p. 8), "pouco a pouco, como tudo nos convida a isto, podemos ir além das aparências, aprender a decifrar as imagens e, mais profundamente ainda, entrar em contato com o coração e o pensamento indianos".

Somente embasados nessa concepção é que poderemos compreender a convivência dos extremos: o sujo e o limpo, o sagrado e o profano, o rico e o pobre, a vida e a morte – a Índia estreitou esses extremos que o Ocidente parece desconhecer ou se nega a reconhecer. No entanto, precisamos admitir que nunca conheceremos toda a Índia.

1.1.1 Paisagem humana

Entre todas as paisagens indianas, destaca-se a paisagem humana, pois a presença da população se impõe em todos os lugares. Por isso, quem evita o contato com outras pessoas não deve ir à Índia. Como indica Carrière (2002, p. 5), "É impossível visitar esta república singular confinado num ônibus de turistas, de monumento em monumento, com os olhos fechados para o país e para seus povos. Façanha inconcebível, irrealizável. A multidão é aqui a principal paisagem. Ela é o ator de todas as coisas".

FIQUE ATENTO!

A viagem dentro da Índia inicia-se no diálogo com a condição humana. É preciso aceitar a multidão, misturar-se com ela e perder-se nela em diferentes lugares.

Muitas vezes, a descrição da paisagem humana de uma cidade perde a dimensão da racionalidade. Na Índia, há um ir e vir de pessoas – centenas de mendigos, ascetas seminus pintados de cor cinza, vendedores de coco e de outras frutas gritando, alguns desocupados andando de um lado para o outro, adolescentes brincando de críquete na beira da estrada e homens, de modo geral, bem vestidos e com bigodes bem arrumados, caminhando em direção ao escritório ou ao ponto de ônibus ou de trem.

As mulheres têm um jeito próprio de ser, de agir e de se apresentar, segundo observa Paz (1995, p. 16): "mulheres de sáris vermelhos, azuis, amarelos, cores delirantes, umas solares e outras noturnas, mulheres morenas de pulseiras nos tornozelos e sandálias, não para andar sobre o asfalto escaldante, mas sim sobre uma pradaria".

Na Índia, o indivíduo está constantemente confrontado com a massa humana, os sujeitos diferentes e as condições variadas de cada um. Essa paisagem leva a pessoa a contemplar a própria situação. Nesse confronto e no ir e vir da multidão, ela é permanentemente atropelada, sem ter nenhum tempo para cuidar de si. Assim, no interior desse contexto, encontramos a semente da origem da tradição hinduísta: a **busca do divino** dentro da própria pessoa. Em regiões desérticas, o ser humano é peregrino, andarilho, nômade, tentando fugir da solidão, em meio à infinitude de areia embaixo de seus pés. Assim, conforme Gheorghiu (2002, p. 55): "A existência do nômade nesta região é dura e solitária, e subordinada ao destino. Ele procura sem cessar uma proteção no deserto, o céu azul e infinito que se estende sobre ele, para poder enfrentar o deserto que se estende a seus pés".

O homem é solitário e, portanto, precisa peregrinar à procura da estabilidade, tentando evitar a terrível solidão. Contudo, na terra fértil, caso da Índia, tudo está a seu alcance, ele não precisaria migrar; seu problema, nesse caso, é a multidão. Por isso, Carrière (2002, p. 5) argumenta que "na literatura indiana de todos os tempos, os personagens são frequentemente atraídos para o exílio e a solidão, a renúncia, a partida: pelo esgotamento causado pela multidão". Assim, o deserto provoca a busca pela multidão, ao passo que terra fértil desperta a busca pela solidão.

1.1.2 Paisagem das cores

Podemos visualizar outra paisagem indiana, a das cores. Em viagem pela Índia, é possível perceber a importância das cores na construção de casas, templos ou qualquer lugar público. As roupas coloridas, principalmente das mulheres, o rosto com traços fortes de maquiagem e a marca de pó vermelho na testa, a apresentação nos *outdoors* de propaganda do cinema *bollywoodiano*, com imagens coloridas dos atores, e também alguns panos pendurados nos templos ou em outros lugares sagrados prendem a atenção do visitante. As cores da Índia parecem ser uma herança divina.

Existe uma festa na tradição indiana chamada *Holi*, ou *Festa das Cores*, celebrada para encerrar a colheita do inverno, quando as pessoas expressam felicidade trocando presentes. Conforme Küng (2004, p. 55), "descontraidamente as pessoas jogam umas nas outras água tingida de vermelho e pó de cheiro. Um pó que, juntamente com o pó de açafrão, possuiria propriedades afrodisíacas. Vermelho – o símbolo do sangue, que sustenta a vida e o amor".

As cores têm um significado muito profundo no dia a dia dos indianos. Em qualquer atividade cultural, seja na dança clássica, seja no folclore, existem vestimentas de matizes variados e definidos. Em todas as festas, em cerimônias de casamento ou ritos de iniciação, as cores estão presentes e têm uma simbologia específica. Traçando relações entre a arte e a meditação, o monge budista Govinda (1999, p. 31, tradução nossa), afirma que

> O universo refletido em nossa consciência humana é composto de três formas fundamentais e três cores básicas. As formas, bem

como as cores, desenvolvem-se em pares de oposições em que condicionam e compensam uma à outra, como os polos positivo e negativo de um magneto, ou como as propriedades ativa e passiva do masculino e do feminino[2].

Em virtude da miscigenação entre os povos[3], a cultura indiana adotou a **filosofia das cores** que define algumas delas como básicas e outras como complementares. As básicas são as cores azul, vermelho e amarelo, por meio das quais as complementares são desenvolvidas. Como aponta Govinda (1999, p. 32, tradução nossa), "a combinação do vermelho e do amarelo produz o complemento da cor azul, que é o laranja. A combinação do azul e do vermelho dá origem ao complemento da cor amarelo, que é o violeta. A combinação do amarelo e do azul dá origem ao complemento da cor vermelha, que é o verde".

Percebemos, ainda, uma íntima relação entre essas cores, a qual deu origem a outros aspectos religiosos hinduístas, segundo explica Andrade (2003, p. 97):

> Se a cor primária é ativa, a cor complementar é passiva. Cores ativas são o vermelho, o amarelo e o laranja. Enquanto o verde, a violeta e o azul são cores passivas. A atividade e passividade das cores podem ser captadas de formas diferentes. Na atividade de duas cores ativas, vermelho e amarelo, encontramos diferenças similares àquelas que existem entre fogo e luz, entre material e imaterial ou entre atividade física e espiritual.

Desse modo, percebemos a importância das cores no desenvolvimento do pensamento religioso e filosófico no subcontinente indiano.

---

2   As formas fundamentais são a cúbica, a cilíndrica e a atmosférica. A cúbica e a atmosférica representam os extremos: o primeiro, composto de planos de superfície da terra, e o segundo, composto da superfície dos céus. A cilíndrica assume o lugar do meio, conectando as outras duas (Govinda, 1999).

3   Em geral, a pele do povo indiano é morena, com tonalidades mais escuras e mais claras.

1.1.3 Paisagem dos sabores

Outra paisagem peculiar indiana é a dos sabores. Desde os tempos antigos, as especiarias indianas são conhecidas. Não foi por acaso que os portugueses e outros povos europeus exploraram os caminhos para a Índia pelo mar, pois queriam ter acesso aos temperos daquele país. Assim, o universo gastronômico indiano é resultado da miscigenação de povos da região.

Para uma melhor compreensão da cozinha indiana, faz-se necessária a comparação desta com a gastronomia de nosso país. Tomemos por base o churrasco brasileiro. O modo como ele é servido em uma churrascaria tradicional obedece a um padrão preestabelecido, como um rito: inicia-se com um aperitivo (algo quente), com a finalidade de abrir o apetite; ao término, serve-se um cafezinho, para fechar o apetite. Dessa forma, o primeiro alimento introduz e o último fecha o ciclo, como uma conclusão da refeição. Entre os dois, seguem-se os pratos: a pessoa vai até o bufê e serve-se de saladas; senta-se à mesa para desfrutar do desfile de carnes; e, por último, aprecia a sobremesa. Cada prato tem seu espaço, um após o outro, dispostos em ordem sucessiva, ou seja, é uma apresentação que segue a regra diacrônica.

A Índia desenvolveu seu próprio rito gastronômico, como afirma Paz (1995, p. 85): "Na Índia os diversos guisados juntam-se em um só grande prato. Nem sucessão, nem desfile, mas aglutinação e sobreposição de substâncias e de sabores: comida sincrônica. Fusão dos sabores, fusão dos tempos".

Essa paisagem gastronômica ocorre graças à mistura de culturas, tendo em vista que a Índia foi invadida por diferentes povos desde os tempos antigos, os quais introduziram culinárias específicas na região. Assim, a solução estratégica dos indianos para se adaptarem ao novo foi fazer os ajustes necessários para o bem viver, prioritariamente, pela alimentação. A fome, ou vontade de comer, é o elemento-chave da paisagem dos sabores do país: os alimentos são servidos sempre em abundância, acompanhados por enfeites.

1.1.4 Paisagem das crenças

Entre todas as paisagens indianas, a mais bela é das crenças. Por isso, a Índia é conhecida como *terra dos deuses*, uma vez que todos os deuses têm seu lugar específico e conseguem dialogar em harmonia. A expressão *terra dos deuses* refere-se às diversas tradições religiosas que se encontram no território indiano; assim, podemos dizer que *a Índia é o caldeirão das religiões*.

O shivaísmo apresenta indícios de origem nativa, e outras manifestações religiosas, inclusive a hinduísta, provêm de outros contextos. O judaísmo, o cristianismo, o islamismo e o parsismo são exemplos de crenças estrangeiras. As tradições jainista e budista surgiram como resultado de um protesto no interior da tradição hindu, ao passo que a crença sikh nasceu da fusão entre o islamismo e o hinduísmo.

Depois de milhares de anos de refinamento e de convivência, algo atípico emergiu na Índia – o não reconhecimento da supremacia de uma única crença sobre as outras. Para entendermos melhor, sob o ponto de vista da cultura indiana (hinduísta), todas as fés são contempladas dentro de uma única crença, ou seja, todas elas se encontram embaixo de um grande "guarda-chuva", no qual cada uma, em sua expressão particular, compõe o todo. Assim, as crenças estrangeiras adaptaram-se de tal forma que se indianizaram, como constatou Geertz (1968)[4], em pesquisa sobre o islamismo na Indonésia e no Marrocos.

Então, em que consiste a paisagem da crença? Podemos observá-la nos gestos utilizados durante a elaboração dos rituais. Em todas as crenças presentes na Índia, encontramos a valorização do silêncio e da meditação, bem como de outras práticas similares. No templo, na mesquita, na igreja ou no *Gurudwara*[5], percebemos as formas de os fiéis sentarem-se no chão: o estilo é sempre o mesmo, com pequenas variações. A isso chamamos de **dharma** (verdade) ou *indianice*. Podemos ainda dizer que todas as tradições respiram o mesmo ar: a cultura indiana. Essa é uma característica típica da paisagem da crença indiana, expressão que a caracteriza e a diferencia de outros lugares.

1.2 Índia: um lugar de contradições

A Índia contemporânea apresenta muitas contradições. Uma das mais visíveis é a disparidade entre a riqueza, a imensa pobreza e a miséria. As contradições são um traço do caráter do povo indiano, como afirma Paz (1995, p. 39): "O realismo descarnado aliado a uma fantasia delirante, a astúcia refinada e a credulidade inocente. Pares contraditórios e constantes na alma indiana, como a sensualidade e o ascetismo, a avidez de bens materiais e o culto ao desinteresse e a pobreza". Se, por um lado, a imagem do país é muito bem apresentada ao mundo ocidental com sofisticadas tecnologias, crescimento econômico e capacidade nuclear, por

---

4 Clifford Geertz, antropólogo americano, em seu livro *Islam Observed* (1968), faz um estudo comparativo da mesma tradição em dois ambientes culturais diferentes: Indonésia e Marrocos. Em Marrocos, visto que a cultura clânica (nativa) tinha uma cosmovisão relativamente frágil, o islamismo a dominou, impondo a ela suas ideias. Na Indonésia, aconteceu o contrário: a cultura indonésia era milenar, assim, o islamismo fez ajustes e se adaptou a ela.

5 *Templo* designa o lugar sagrado das tradições hinduísta, budista e jainista. *Mesquita* refere-se à tradição muçulmana. *Igreja* representa o local de culto dos cristãos. *Gurudwara* é o lugar sagrado da tradição do sikhismo.

outro, há ausência de condições básicas de sobrevivência com dignidade, há fome e morte. A riqueza do potencial intelecto humano, representado pelos indianos espalhados por todo o planeta, está presente em todas as áreas, especialmente na ciência e na informática, e tal realidade contrasta com os altos índices de analfabetismo e de trabalho infantil (Wilfred, 2002).

As contradições fazem com que constatemos uma Índia de **conflitos** que foram acentuados nos últimos anos: a tensão entre muçulmanos e hindus na região da Caxemira e os conflitos entre castas e classes, nos quais as castas superiores tentam manter a dominação e o monopólio sobre as inferiores – em contrapartida, as castas inferiores resistem a essa dominação, gerando violência e outros conflitos. Há também os embates culturais que questionam a própria cultura indiana. "Existem alguns que percebem a cultura indiana como cultura hindu – a cultura da maioria religiosa. Também há aqueles que veem a Índia como um espaço cultural composto de muitas vertentes" (Wilfred, 2002, p. 3, tradução nossa).

1.3 Olhar sob duas perspectivas

A Índia pode ser descrita sob duas perspectivas: (1) da civilização; (2) do conceito político. No interior dessas visões, encontra-se a dimensão essencial descrita como pluricultural.

1.3.1 Perspectiva da civilização

Se olharmos o mundo sob a perspectiva da civilização, podemos identificar algumas regiões, como Grécia, Oriente Médio e China, que também tiveram uma longa história da civilização. A Índia é uma das sociedades mais antigas do mundo, mas o que a torna significativa, segundo Wilfred (2002, p. 1, tradução nossa), é que,

Ao contrário da maioria das outras civilizações do passado, a Índia continua a ser uma antiga civilização viva no mundo com uma história ininterrupta há mais de três milênios. Juntamente à Grécia e à China, a Índia desenvolveu sua própria filosofia de vida, mais compreensiva e integral, que aponta como substrato para a formação de diferentes culturas e suas configurações.

Essa zona de civilização compreende diversas partes do sudeste asiático e a região do norte (que atualmente é formada por países independentes).

1.3.2 Perspectiva do conceito político

O conceito político relativo à Índia veio à tona nos últimos anos. É possível identificar dois momentos distintos.

O primeiro momento é o dos **reis** desde os tempos antigos. No passado, na época da antiga história, a Índia tinha presença política em toda a região – Impérios Máuria, Gupta e Mogol. Os máurias reinaram a Índia desde o século IV a.C. Entre seus reis, o mais importante foi Ashoka, que acolheu a tradição budista e propagou essa tradição inclusive na Indonésia e no Sri Lanka. Os guptas reinaram entre os séculos IV e VI, consolidando o poder sob todo o subcontinente indiano. O Império Mogol ocorreu sob dominação de muçulmanos provenientes do mundo persa, que conquistaram o território indiano em 1526 e permaneceram ali até a conquista pelos ingleses.

O segundo momento iniciou-se com a dominação inglesa no ano de 1757 e permaneceu até a independência da Índia em 1947. Paz (1995, p. 75) aponta uma curiosidade com relação ao momento em que a Índia foi chamada de **nação**:

> Por uma parte, [a Índia] é um conglomerado de povos, culturas, línguas e religiões diferentes; por outra, é um território sob domínio de um Estado regido por uma Constituição Nacional. Nesse sentido,

se poderia dizer que a Índia, como disse certa vez Jayaprakash Narayan, "is a nation in the making" (é uma nação em processo de formação). Pois bem, uma nação, mas antes de tudo, uma terra e uma sociedade unidas por uma herança – língua, cultura e religião – do mesmo modo por um projeto nacional.

Desde 1947, a Índia é uma nação independente politicamente, e toda a diversidade do país é contemplada em sua vasta comunidade.

1.4 Diversidades indianas

A Índia pode ser analisada sob ângulos diversos. Na dimensão geográfica, encontramos múltiplas paisagens, como deserto, montanhas, florestas, terras férteis e vasto litoral. Na religiosa, observamos que a Índia contempla diversas tradições e crenças, inclusive aquelas que foram introduzidas por outras culturas, abrigando uma variedade de divindades. Quanto à civilização, a Índia é habitada por um dos povos mais antigos do mundo – quase quatro mil anos de história. Na política, trata-se de um continente que abrigava alguns países que foram separados recentemente na história. Além disso, a região apresenta diversidade étnica, cultural e gastronômica.

Algumas dessas multiplicidades precisam ser conhecidas, pois elas contribuíram na elaboração de uma cosmovisão especificamente indiana e, ao mesmo tempo, preservaram a unidade do povo, conforme destacaremos a seguir.

1.4.1 Diversidade geográfica

No extremo noroeste da Índia, está localizado o deserto de Rajastão, na fronteira com o atual Paquistão, que abriga uma população nômade que desenvolve atividades específicas. Uma boa parte é muçulmana, e a região, conhecida pelos belos palácios que foram construídos antes da tradição islâmica – o que a torna atrativa para o turismo –, às vezes é palco de conflitos.

A maior parte da Índia contém **terra fértil**, propícia para atividades agrícolas e de comércio, nas quais se encontram as grandes cidades e a massa humana. O país conta com bacias de grandes rios tanto no sul quanto no norte. As regiões florestais, em vez de abrigarem casas para o povo, tornaram-se lugares de contemplação para os monges, locais propícios para alimentar a espiritualidade hinduísta. Assim, as montanhas são consideradas como moradas de Deus, principalmente a Cordilheira do Himalaia, que emana proteção à população, bem como os lugares de nascimento dos grandes rios que abastecem as planícies. A região costeira é de grande extensão, com atividades de diferentes naturezas.

1.4.2 Diversidade étnica e linguística

A Índia abriga diferentes povos. A presença de várias etnias faz com que a região seja chamada de *subcontinente*.

A população é composta por pessoas de muitas raças: dravidiana, ariana, negra, paleomediterrânea e mongol, entre outras. No sul da Índia, encontramos predominantemente a etnia dravidiana, composta de línguas diferentes; no extremo nordeste, a população é tribal, mas de etnia mongol; e, na maior parte da Índia, predomina a etnia ariana, com a presença de tribos na parte central do país. Além disso, apesar de adotar uma língua oficial, estabelecida como nacional – o **hindi** –, a Índia é dividida em 26 estados, conforme os dialetos e as línguas locais, o que reafirma a diversidade cultural e linguística da região.

1.4.3 Diversidade religiosa

Se alguém quiser de fato conhecer e experimentar a dimensão da diversidade de crenças, precisa ir à Índia e permanecer lá por alguns dias. A região vibra com a religiosidade manifestada em formas variadas.

O povo indiano de fato é religioso. Ao caminhar pelas ruas, podemos observar as imagens das divindades ornadas com panos coloridos, sobretudo de cor vermelha, que prendem nossa visão em uma atitude de contemplação; além disso, existem inúmeros templos, mesquitas, igrejas, *gurudwaras* e outros tipos de lugares sagrados.

No mundo ocidental, de modo geral, encontramos símbolos do cristianismo, como crucifixos, pequenas imagens da Virgem Maria ou terços no interior de veículos, ao lado do volante, no espaço entre o para-brisa e a poltrona do passageiro. Na Índia, é possível ver, no interior dos veículos, imagens de diversas divindades, como Ganesha (hindu), Guru Nanak (sikh) e Jesus (cristão), enfeitadas com flores e incenso. Assim, o povo indiano parece apontar que o divino pertence a **todas as tradições**. Diante desse cenário, podemos perceber, de acordo com Wilfred (2002, p. 2, tradução nossa), que

> A Índia é atravessada pelas diferentes tradições religiosas, entre as quais se destacam hindus (82,4%), budistas (0,8%), jainistas (0,4%) e sikhs (2,0%). Encontramos 11,7% de muçulmanos e 2,3% de cristãos. Além dessas principais tradições religiosas, existem inúmeras outras correntes populares, bem como primitivas, e diversas expressões religiosas.

1.5 Rumo ao uno e múltiplo

Um fator unificador das diversidades indianas está na confiança do povo em si mesmo, na capacidade deste de ver e ouvir a si próprio, compreender-se e reestruturar-se.

> **Importante!**
> Como afirma Carrière (2002, p. 6), "A Índia observa a si mesma, analisa a si mesma (o que chega a ser um dos exercícios favoritos dos indianos), mas ela não explica a si mesma". Nisso, ela encontra um fio condutor comum – o *dharma*, que por vezes é traduzido como "dever" e, em outros momentos, como "verdade". Esse conceito acolhe todas as tradições como se fossem filhas, remetendo à experiência familiar em que todos são acolhidos, apesar das diferenças.

Porém, estabelecer a unidade na diversidade e a diversidade na unidade era uma perene inquietação dos filósofos indianos desde os tempos antigos. Toda a produção intelectual e religiosa ocorreu em torno dessa inquietação. Assim, ainda de acordo com Carrière (2002, p. 6), "O disparate indiano talvez tenha criado mais exatamente um povo, do que esta ou aquela nação. Aqui a pluralidade parece ser o cimento. É a diferença que reúne. E é a ilusão que é real".

Um dos elementos que também unifica a Índia são os rios, os quais são vistos como sagrados e fornecem água para o cultivo da agricultura, principal fonte de sustento para o povo. Todos os rios são sagrados, mas o rio Ganges merece destaque: ele nasce na Cordilheira do Himalaia e abastece de água todo o território do norte indiano, apontando múltiplos significados à vida e ao contexto da região.

> Nos lados férteis do rio, há vida ininterrupta. A vegetação floresce, as pessoas nascem em suas margens e, após a morte, seus corpos são dissolvidos nas águas do rio Ganges. Nas suas margens, as pessoas meditam silenciosamente sobre a Realidade Última. O Ganges, então, simboliza o divino que passa através de nossas vidas fazendo tudo vivo e florescente; que significa o fluxo contínuo

da graça divina por meio de nossas vidas e em suas inúmeras expressões. (Felix, citado por Wilfred, 2002, p. 13, tradução nossa)

Percebemos a fusão ou os elementos unificadores da cultura indiana com base no refinamento que aconteceu ao longo dos milênios. No campo religioso, essa integração está na construção da **tríade hindu**, assunto sobre o qual iremos tratar no próximo capítulo; no campo da arte, ela pode ser encontrada no belo memorial de Taj Mahal, em que as arquiteturas persa, árabe e indiana são contempladas; além disso, as expressões artísticas, como a dança clássica indiana, compreendem sete estilos[6], reproduzidos em diversas formas.

Há também a junção na música indiana com a forte influência árabe em culturas nativas. Por fim, existe a fusão no campo da gastronomia, em que todos os sabores se entrelaçam em um único prato. A proposta implícita na cultura indiana para o mundo é esta: apresentar as possibilidades de conviver com as diversidades e, ao mesmo tempo, uni-las, preservando as especificidades de cada lugar.

Síntese

Neste capítulo, apresentamos a Índia, um país com diversas paisagens, as quais, por sua vez, revelam a face da cultura daquele país. Dessa cultura, nasceram crenças que se difundiram em conteúdos filosóficos e espirituais por todo o mundo.

Destacamos que as diversidades indianas formam um conjunto que busca respeitar as diferenças e, ao mesmo tempo, preservar a unidade. As diferenças, apesar de extremas e radicais, são

---

6 Os sete estilos são a incorporação e o refinamento de diversas expressões religiosas de etnias diferentes. Cada estilo surgiu em uma região e mais tarde expandiu-se para toda a Índia. São eles: bharatanatyam, odissi, kathakali, mohini attam, kathak, manipuri e kuchipudi. Essas expressões artísticas são chamadas de *clássicas*, pois pertencem ao universo religioso; portanto, o dos templos. Existem também as danças como expressões culturais. Para mais informações sobre a dança indiana, sugerimos a leitura de Andrade (2008).

costuradas por um fio unificador chamado *dharma* – que perpassa todas as religiões. Além disso, ressaltamos que o povo indiano não reconhece a supremacia de uma única crença sobre as demais, pois todas elas buscam o mesmo princípio, compondo um todo.

INDICAÇÃO CULTURAL

ÍNDIA: o caminho dos deuses. Direção: Ítala Nandi. Brasil, 1991. 90 min.

Esse documentário oferece um panorama real da Índia tendo como base contos, lendas e histórias da região. A própria diretora faz uma viagem pela Índia, apresentando lugares, templos e outros sítios arqueológicos com comentários pertinentes e explicações adequadas. É interessante notar que esse filme faz um mapeamento mais religioso da Índia, permitindo, assim, que seja mais bem compreendida a cultura indiana.

ATIVIDADES DE AUTOAVALIAÇÃO

1. Por que descrever a Índia é uma tarefa muito difícil?
   A) A Índia foi criada pelo deus Brahma na miséria.
   B) A Índia é um país repleto de contradições extremas.
   C) A Índia é um país oriental com mentalidade ocidental.
   D) A Índia possui uma bomba atômica.
   E) A Índia é um país desorganizado.

2. Identifique as três paisagens marcantes da Índia:
   A) A paisagem humana, a paisagem dos bois e a paisagem da tuk-tuk.
   B) A paisagem da comida, a paisagem da bebida e a paisagem da montanha.
   C) A paisagem dos sabores; não existem outras paisagens na Índia.
   D) A paisagem humana, a paisagem das crenças e a paisagem dos sabores.

E] A paisagem da natureza, a paisagem dos rios e a paisagem humana.

3. Sobre os elementos que compõem o conjunto das principais diversidades indianas, analise as afirmativas a seguir:
   I. Diversidade geográfica e diversidade religiosa.
   II. Diversidade religiosa, diversidade dos sabores e também a diversidade dos povos.
   III. Diversidade humana, diversidade de comida e outras diversidades que se encontram nos templos.
   IV. Diversidade étnica e diversidade linguística.
   V. Diversidade geográfica, diversidade dos povos e diversidade das florestas.

   Agora, assinale a alternativa que apresenta somente itens corretor:
   A] I e II.
   B] I e III.
   C] III e IV.
   D] I e IV.
   E] I e V.

4. Assinale a alternativa correta:
   A] *Dharma* é a palavra-chave compreendida como *fio condutor*, por vezes entendida como *verdade*.
   B] A palavra *dharma* é uma palavra religiosa, portanto não tem ligação com fio condutor.
   C] O deus Shiva é compreendido como o fio condutor entre as religiões, e não a palavra *dharma*.
   D] O deus Brahma criou todas as religiões, portanto, não existe a compreensão de *dharma* como fio condutor.
   E] O deus Brahma criou as religiões, portanto, Shiva é o fio condutor das tradições indianas.

5. Analise as afirmativas a seguir e indique V para as verdadeiras e F para as falsas.

[ ] Estabelecer a unidade na diversidade e a diversidade na unidade era uma perene inquietação dos filósofos indianos desde os tempos antigos.

[ ] Não estabelecer unidade alguma faz parte do conceito religioso indiano.

[ ] Estabelecer a unidade na diversidade e a diversidade na unidade era uma preocupação de líderes religiosos estrangeiros.

[ ] A Índia sempre foi unida culturalmente, portanto não existe necessidade de buscar unidade na diversidade e vice-versa.

[ ] Não há diversidade de crenças na Índia, pois os indianos só aceitam uma única crença nativa.

Agora, assinale a alternativa que apresenta a sequência correta:

A] V, F, V, F, F.
B] F, F, F, V, V.
C] V, F, F, F, F.
D] V, V, V, V, V.
E] F, F, F, F, F.

Atividades de aprendizagem

Questões para reflexão

1. Pelo fato de ter sido invadida por povos diversos, a Índia é um lugar de diversidade e, ao mesmo tempo, de unidade. A convivência entre religiões, etnias e culturas faz parte da natureza indiana. Contudo, observamos no mundo atual o fenômeno de migrações que causam problemas de convivência harmônica entre os povos. Há violência e discriminação, além da rejeição de pessoas. De que forma a Índia pode servir como exemplo para que o mundo contemporâneo possa estabelecer a unidade na diversidade?

2. A Índia apresenta diversidade em vários aspectos: cores, línguas, culturas e artes, além da geografia. Em sua opinião, qual a importância das diversidades de um país? De que modo a falta de variedade geográfica pode influenciar uma nação?

Atividade aplicada: prática

1. Um dos elementos que se destaca no contexto da Índia é a paisagem dos sabores. Um prato muito apreciado na região é o bolo indiano. Faça uma pesquisa na internet sobre a forma tradicional de preparo do bolo indiano e sobre as variações de receitas adaptadas para o Brasil.

    A] Que reflexão passou por sua mente quando você fez a pesquisa sobre o bolo indiano?

    B] Quais ingredientes indianos não integram na gastronomia brasileira e quais adaptações foram necessárias para o preparo do bolo indiano?

Registre suas considerações a respeito da preparação do bolo indiano e elabore um quadro comparativo entre as culinárias indiana e brasileira.

DO VEDISMO AO HINDUÍSMO: UMA RELIGIÃO DE TEMPLOS E DIVINDADES

O hinduísmo não deriva de um único fundador como o cristianismo ou o budismo, mas é uma coletânea da sabedoria de diversos mestres, que, em sua maioria, permanecem no anonimato. Não se sabe muita coisa sobre eles, somente com base no rico conteúdo religioso que eles deixaram podemos julgar que se trata de pessoas extraordinárias em seus pensamentos e em suas experiências místicas. Assim, essa tradição surgiu espontaneamente, sem doutrina nem dogma, com ritos complexos que aplacavam as divindades da natureza, as quais, mais tarde, foram nomeadas por sábios hindus.

O fato de não haver um fundador como referência no hinduísmo traz vantagens e desvantagens. Entre as primeiras, podemos destacar que não existe algo determinado, como uma missão a cumprir ou alguém a obedecer; entre as segundas, ressaltamos a abertura a diversas interpretações, pois qualquer pessoa poderia se autodenominar mestre e apresentar sua doutrina, levando os adeptos menos letrados a se desviarem do conteúdo verdadeiro.

É importante assinalar que, em virtude da obscuridade de sua origem, o hinduísmo é chamado de *Sanathana Dharma*, que significa "Religião Eterna"; por essa razão, a grande maioria dos hindus da Índia afirma que essa tradição tem origem divina, o que a torna eterna. Sob essa perspectiva, neste capítulo, apresentaremos aspectos pertinentes ao hinduísmo, a fim de que você adquira uma visão geral dessa tradição.

2.1 Experiência direta

O aspecto original do hinduísmo está no fundamento da experiência direta dos próprios mestres, pois eles transmitiram aquilo que experimentaram não na vida cotidiana, mas em um estado elevado de consciência depois de muitos anos de dedicação. Como afirma Lokeswarananda (1995, p. 3, tradução nossa), "eles não adivinharam ou falaram sobre a verdade baseados em informações de segunda mão ou do que tinham aprendido por meio do estudo e do raciocínio; eles falaram sobre a verdade somente quando a conheceram e a confirmaram por experiência direta e pessoal".

Os hindus chamam essa experiência de *sruti*, quer dizer, "aquilo que é ouvido ou experimentado diretamente", pois a verdade pode ser aceita somente quando ela é experimentada de forma direta.

Existe outro conceito chamado *smriti*, que significa "aquilo que é lembrado", sendo vinculado fortemente com a memória pela experiência. Portanto, no hinduísmo, qualquer aprendizado sensível posterior à verdade deve estar em sintonia com a experiência original dos sábios antigos. A sobrevivência e a continuidade da tradição dependem da persistência da memória revelada pelos inúmeros místicos de épocas diferentes, mas sempre em sintonia com a experiência direta da verdade. Em outras palavras, podemos afirmar que a **Revelação**, no hinduísmo, acontece de duas formas: (1) de modo direto, com base na experiência imediata, isto é, sem intermediários; e (2) de modo indireto, com a prática da vivência em sintonia com a memória original.

2.2 Origem

O hinduísmo é considerado a mais antiga das religiões vivas da humanidade. "Suas crenças religiosas têm muitas características em comum, mas nenhuma expressão do 'hinduísmo' é capaz de exibir todas elas – há muitas maneiras de ser hindu: a religião popular, por exemplo, é muito diferente da filosofia religiosa" (Bowker, 1997, p. 18). A palavra *hindu* parece ter sido inventada pelos seguidores árabes, quando invadiram a Índia, para manter a pureza de sua raça e de sua crença, que é a islâmica. Além disso, uma interpretação remete a uma subdivisão: *hi*, que vem da palavra *himsa*, quer dizer "violência", e *du*, que vem da raiz *dur*, significa "distante"; portanto, o hindu é aquele que permanece longe da violência.

CURIOSIDADE

FIGURA 2.1 – *Om* sagrado do hinduísmo

Mingirov Yuriy/Shutterstock

O símbolo conhecido como *Om* ou *Aum* é um som sagrado para os hindus, a semente de todos os mantras ou de todas as orações. *Om* é a invocação mais antiga do mundo e também simboliza o silêncio profundo que um devoto deve criar perante a divindade. O símbolo remete à ideia de que Deus não tem nome ou forma e, portanto, as palavras utilizadas para invocá-lo são inúteis. A melhor forma de alcançar a divindade é permanecendo em silêncio. O número "3" desse símbolo representa a trindade dos deuses da criação, da preservação e da destruição, e a letra "O" representa o silêncio como instrumento para alcançar o divino.

Apesar de o hinduísmo ser considerado a **Religião Eterna**, cientistas da religião, historiadores e antropólogos procuram estabelecer um possível período para a origem histórica e o desenvolvimento dessa tradição. Os ícones das divindades encontradas na região do Vale do Indo, os resquícios das práticas ritualísticas e as mais importantes descobertas arqueológicas, como as ruínas de antigas civilizações em Mohenjo-daro e Harapa, apontam a existência de um povo conhecido como *dravidianos* no período em torno de 3000 a.C. Adoradores de uma divindade conhecida como Pashupathi, que significa "Senhor do Gado", indicam também a origem do shivaísmo, religião vigente antes da invasão dos nômades arianos, em torno de 2500 a.C. (Andrade, 2010).

De acordo com Andrade (2010), a teoria evolucionista do historiador e indólogo Max Muller sobre a origem da civilização indiana afirma que, em torno do ano 2500 a.C., nômades do norte do Irã, chamados *arianos*, deixaram sua realidade de vida no deserto, emigrando em seis direções. Os grupos que foram em direção ao Ocidente espalharam-se por toda a Europa, tornando-se os ancestrais dos povos gregos, romanos, celtas, teutônicos e eslavos. Os que tomaram a direção do Oriente tornaram-se os ancestrais dos indianos. Quando os arianos invadiram a Índia, ali encontraram um povo nativo, os dravidianos, o povo da agricultura. Os nômades, com seus espíritos aventureiros, estabeleceram a supremacia sobre os pacíficos nativos e ambientaram-se à região geográfica agrícola do subcontinente indiano. Por meio da fusão entre esses dois povos, arianos e dravidianos, nasceu uma complexa religião ritualística, inicialmente conhecida como *religião védica*, mais tarde, como *bramanismo* e, finalmente, como *hinduísmo* contemporâneo.

Então, podemos afirmar que o hinduísmo tem as raízes nômades das tribos arianas que se estabeleceram na região do atual Punjab, no norte na bacia fértil do rio Indo, desenvolvendo sua religiosidade, conforme explica Johanns (1997, p. 31, tradução nossa):

> Existia uma religião superior composta pelos sacerdotes e guerreiros e uma religião inferior, da qual faziam parte as pessoas comuns. Estamos bem instruídos sobre a forma mais elevada de crença, pois temos o livro de oração (Rig-Veda), o livro de música (Sama-Veda) e o ritual (Yajur-Veda), que foram utilizados no sacrifício. A partir do Atharva-Veda ou o Livro dos feitiços sagrados, adquirimos uma visão um pouco turva das crenças mais animistas e mágicas das camadas mais baixas das populações.

Ao longo dos séculos, a religião do grupo superior desenvolveu uma estrutura ritualística complexa, ao passo que a religião do povo comum se manteve com os cultos e as crenças como se fossem compromissos com o grupo superior. Para uma melhor compreensão do desenvolvimento do hinduísmo, dividiremos essa tradição em cinco fases, em ordem cronológica. Apesar de as raízes do hinduísmo terem sido originadas fora da Índia, no norte do Irã, a Religião Eterna conseguiu fazer uma passagem de forma gradativa, no subcontinente indiano, do antigo vedismo ao atual hinduísmo.

2.3 As fases da tradição hindu

Em ordem cronológica, cinco são as fases da tradição hindu no que diz respeito à passagem de vedismo a hinduísmo: (1) fase primitiva; (2) fase do teocentrismo; (3) período de reformas e contrareformas; (4) fase de transformações; e (5) formulação da teologia hinduísta.

2.3.1 Fase primitiva

A primeira fase pode ser estendida de 1500 a.C. a 1200 a.C., quando ocorreu a construção do conceito de divindade especificamente indiana e a formulação dos **Vedas**, as primeiras sagradas escrituras do hinduísmo. Nesse período, os arianos já haviam dominado os dravidianos[1], os primeiros habitantes do Vale do Indo, e estavam tentando introduzir uma cosmovisão védica[2]. Nessa fase, segundo Johanns (1997, p. 33, tradução nossa), "Os adoradores védicos tinham uma ideia clara da ordem universal. Ela foi chamada Rita (RTA) e defendia a ordem moral e cosmológica". Porém, o povo tinha somente uma vaga ideia das múltiplas divindades, e não de um único deus com nome e forma. Essas divindades eram vistas como aquelas que mantinham a ordem do cosmos, morando nos céus. O mundo dos deuses de cima estava invariavelmente conectado com o mundo dos humanos, um dependente do outro.

Para Andrade (2010), nesse período, foram desenvolvidos diversos rituais e cultos para aplacar as divindades e manter a ordem do Universo. Portanto, a fase primitiva se debruçava sobre as questões fundamentais da origem, do propósito e da finalidade da vida do ser humano. Para responder a tais questões, surgiram os Vedas. Apesar desses escritos, nessa fase não se encontram indícios da elaboração de uma ideia clara de um deus.

2.3.2 Fase do teocentrismo

A segunda fase compreende a transição da vaga cosmovisão do período anterior para uma clara religião védica embasada no teocentrismo. Podemos dizer que o período dos brâmanes[3] (1200 a.C. a 800 a.C.) sistematizou os sacrifícios e os ritos, dando

---

[1] Conforme Carrière (2002), as escavações realizadas no atual Paquistão mostram que havia uma civilização muito bem elaborada que já existia em porções da região – ou seja, antes das invasões arianas – conhecida como *dravidiana*. Sendo a região fértil propícia para agricultura, esse povo adorava a divindade Pashupathi ("Senhor do Gado").

[2] Segundo Andrade (2010), alguns estudiosos da religião afirmam que o ponto de partida do vedismo ocorreu por volta de 2500 a.C., com a invasão dos nômades arianos ou árias oriundos da região do atual Irã. Por razões de fome e deixando de lado o deserto e seus costumes nômades na Ásia Central, esses povos assumiram na fértil Índia o sedentarismo e a agricultura, adaptando-se ao novo ambiente. Nesse local, eram forçados a construir a própria cosmovisão, que parece ter dado a origem ao vedismo.

[3] Membros da casta sacerdotal.

uma estruturação mais adequada para a religiosidade. Os brâmanes assumiram as funções exclusivamente de presidir os sacrifícios como sacerdotes, fato que perdura até a atualidade. O hino védico da criação que se encontra no *Rig Veda* (capítulo X, versículo 90), chamado de *Purusha Sukta*, recebeu uma nova interpretação, abrindo espaço para uma ordem hierárquica da sociedade – que, posteriormente, veio a ser conhecida como *sistema de castas* (Johanns, 1997).

Enquanto estava sendo construído o vedismo, surgiu também a ideia do **Deus Único**, que veio a ser chamado de *Brahman*, "o Infinito", conhecido ainda como *Nirguna*, que significa "o que está além de todas as qualidades humanas". Essa era a etapa inicial da construção da divindade. O Brahman recebeu toda a importância, mantendo sua transcendência. Ele permaneceu distante e neutro e não podia ser atingido diretamente, a não ser por meio de rituais elaborados pelos sacerdotes em uma língua sagrada (o sânscrito). Desse modo, a população humilde perdeu o acesso aos sacrifícios e, consequentemente, à divindade. Somente o intermediário, o sacerdote, poderia levar o povo simples até o divino. Os brâmanes assumiram a liderança de tal forma que alguns pensadores hindus consideram esse período como a fase escura da tradição hindu, em que o vedismo fez a passagem ao bramanismo.

2.3.3 Período de reformas e contrareformas

A terceira fase do hinduísmo se situa entre 800 a.C. e 200 a.C., e parece ser tumultuada por diversas transformações. Temos evidências claras de que o teocentrismo perdeu sua importância nesse período, que foi marcado pelo antropocentrismo, por protestos e pela busca da interiorização. Diversas mobilizações de protesto surgiram, criticando os rituais, os sacrifícios e, principalmente, a língua oficial, o sânscrito. Entre esses movimentos, destacamos dois, um originado externamente (reforma) e outro originado dentro do hinduísmo (contrarreforma).

O protesto iniciado externamente, vindo de fora do hinduísmo, denominado de **reforma**, deu origem a duas heresias sectárias, o jainismo e o budismo, fundados por dois príncipes da casta guerreira. Ambos eram contemporâneos e encontravam-se na fértil região da bacia do rio Ganges, como aponta Madan (1992, p. 14, tradução nossa):

> O fundador do jainismo, Vardhamana Mahavira, é considerado responsável por ter trazido à sua realidade uma tradição de dissidência já existente muito antes de seu tempo. [...] O fundador do budismo, Siddhartha Gautama, foi um dissidente mais inovador e radical, de quem se diz ter alcançado a "iluminação" em 528 a.C.

Assim, essas duas seitas transformaram-se em religiões ao longo dos séculos, fornecendo uma nova configuração religiosa ao subcontinente indiano. Uma boa parte da população da camada inferior abandonou o hinduísmo e acolheu as doutrinas budista e jainista, despertando certa preocupação na tradição hinduísta.

O segundo movimento, chamado de **contrarreforma**, enfatizou o antropocentrismo e deu grande importância à interioridade que acontece no próprio hinduísmo. A dissidência e o abandono da tradição pelas classes mais simples fizeram os hindus refletirem sobre algumas possibilidades de mudanças em sua doutrina, dando origem ao antropocentrismo, que resultou na elaboração dos **Upanishads**. Esses escritos afirmam que Deus está dentro de cada indivíduo, muito próximo de cada pessoa, e não necessita, portanto, de um mediador para ser alcançado. Assim, os brâmanes perderam seu lugar de destaque, uma vez que os sacrifícios foram descartados. A partir dessa visão da contrarreforma, tiveram início seis escolas filosóficas, chamadas de *darshana*[4], e que discutiam a natureza do divino[5].

2.3.4 Fase de transformações

Como visto, a terceira fase do hinduísmo compreendeu reformas e contrarreformas. Já a quarta fase apresentou um movimento de novidades e intensa transformação, estendendo-se por quatro séculos, entre 200 a.C. e 200 d.C. Uma nova forma de buscar Deus foi introduzida com base em três caminhos distintos.

O primeiro é o caminho da sabedoria (*gyan marg*); o segundo é o caminho da devoção (*bhakti marg*); e, por fim, o terceiro, o caminho do serviço (*karma marg*). Nesses caminhos, há uma busca de equilíbrio entre o divino e o humano, entre o fazer e o ser, entre o ato ritualístico e a realização do rito na vida.

Até então, a busca do divino era realizada por meio do caminho do raciocínio: a divindade só poderia ser atingida por meio do esforço intelectual. Agora, existiam outros caminhos, mais simples, que viabilizavam a introdução da população das camadas inferiores. Para reforçá-los, foram escritos dois épicos de profundidade da literatura indiana, o *Mahabharata* e o *Ramayana*. O último capítulo do Mahabharata é o **Bhagavad-Gita** – considerado o "Novo Testamento" do hinduísmo – que aponta claramente para o caminho do serviço devocional, quando Krishna comunica a Arjuna seu divino ensinamento:

> Não se pode compreender a forma que você vê agora com seus olhos transcendentais simplesmente através do estudo dos Vedas, nem se submetendo à penitência sérias, nem através de caridade,

---

4   A palavra *darshana* também pode ser grafada *darsana*.
5   É importante especificar estas seis escolas: (1) Nyaya – abordava a epistemologia; (2) Vaiséshika – tratava da cosmologia; (3) Samkhya – desenvolvia a teoria da ioga; (4) Ioga – apontava a prática da ioga; (5) Mimamsa – apresentava as interpretações da ioga; (6) Vedanta – apontava para última parte dos Vedas.

nem através de adoração. Não é através destes meios que a pessoa pode ver-Me como sou.

Meu querido Arjuna, só através do serviço devocional indiviso é possível compreender-Me tal como Eu Sou, como estou diante de você, e assim é possível ver-Me diretamente. Só desta maneira você pode entrar nos mistérios de Minha compreensão, ó vencedor dos inimigos!

Meu querido Arjuna, a pessoa que se ocupa em Meu serviço devocional puro, livre das contaminações de atividades anteriores e da especulação mental, que é amigável para toda entidade viva, certamente vem a Mim. (Bhagavad-Gita, 11: 53-55, citado por Andrade, 2010, p. 44)

2.3.5 Fase de formulação da teologia hinduísta

A quinta fase do hinduismo é de surgimento da teologia indiana e se estende de 200 d.C. até 1500 d.C., tendo sido inspirada por ensinamentos precisos do Bhagavad-Gita.

Apareceram, nesse período, inúmeras interpretações filosóficas sobre o Deus Supremo, sob diferentes pontos de vista contra os argumentos tradicionais. Nesse ambiente de grande efervescência intelectual, destacaram-se as reflexões e as interpretações de pensadores como Sankara, Ramanuja, Madhva, Nimbarka, Vallabha e Chaitang. Entre eles, alguns permaneceram fiéis à tradição originária dos Vedas – o caminho de sabedoria –, e outros romperam com os aspectos tradicionais, mas enfatizaram fortemente o caminho da devoção, no qual a vasta massa indiana buscava o divino por meio de práticas devocionais. Assim, as interpretações filosóficas fundiram-se às buscas teológicas, mostrando que a **filosofia** e a **teologia** sempre caminharam juntas no contexto do hinduísmo (Andrade, 2010).

Percorrendo o caminho cronológico do hinduísmo, percebemos as diversas transformações ocorridas no interior dessa tradição religiosa. Na fase inicial, a construção da identidade; em seguida, a experiência de crise em busca de mudanças almejando novas ideias e interpretações filosóficas e teológicas. Desse modo, ocorreu a complexa dinâmica da passagem do vedismo ao bramanismo e, finalmente, deste ao atual hinduísmo.

2.4 As sagradas escrituras

A formulação das sagradas escrituras hinduístas estendeu-se por um período de quase 1500 anos e está intimamente vinculada com a experiência direta de Deus dos milhares de mestres, pois, conforme a tradição hinduísta, "o único teste aceitável da verdade (Deus) é a experiência direta do indivíduo" (Lokeswarananda, 1995, p. 4, tradução nossa). Com base nessa experiência, durante centenas de anos, formou-se o conjunto das sagradas escrituras do hinduísmo, os **Vedas**, que se dividem em diversas partes conforme a época de sua formulação.

As cinco principais divisões dos Vedas, de acordo com Johanns (1997), são as seguintes:

Os primeiros livros são chamados de *Os quatro Vedas*: **Rig**, o livro das orações; **Sama**, o livro dos cânticos; **Yajur**, o livro dos rituais que são utilizados nos sacrifícios; **Atharva**, o livro dos encantamentos sagrados, no qual é adquirido o conhecimento relativo às crenças mágicas e animistas[6] do povo comum.

Os livros que se seguem são o **Bramanas** e o **Aranyakas**. O foco desses textos é a elaboração dos rituais: quem deve oficiar os ritos,

---

6   A questão da religião animista é vinculada ao culto aos animais. Essa crença afirma que todas as formas têm alma, como as rochas, as plantas e os animais, mas, no contexto dos vales do rio Indo e do rio Ganges, remete especificamente aos animais. A Índia, antes dos arianos, era predominantemente habitada pelas tribos que tinham a prática de cultuar esses elementos da natureza em razão da crença na existência da alma (Andrade, 2010).

as regras de pureza dos ritos, a língua que deve ser utilizada, entre outras características. Os sacerdotes recebem as prescrições e as orientações para conduzir tais rituais.

Os **Upanishads**, formados por 13 livros, são uma coletânea das histórias espirituais que dão importância às práticas de meditação e de escuta. *Upa* significa "ao lado"; *nishad*, simbolicamente, traduz-se por "prestar atenção": *upanishad* é aquele que se senta ao lado do mestre para escutá-lo.

Os últimos livros são dois épicos, o **Ramayana** e o **Mahabharata**, que elaboram os princípios éticos para a convivência adequada em sociedade. O último capítulo do Mahabharata é o **Bhagavad-Gita**, o texto mais importante das sagradas escrituras e tão respeitado quanto o Novo Testamento dos cristãos: ele finaliza o teste da experiência direta, como um relato da veracidade do conhecimento empírico apresentado nos escritos anteriores.

2.5 O conceito de Deus

Na Índia antiga, antes da invasão dos arianos, arraigava-se a consciência monoteísta da divindade: um só deus. Durante o período de desenvolvimento indiano, surgiu o monismo puro por meio de uma crença em um só deus, infinito, absoluto e supremo, conhecido como **Brahman**. Sendo infinito, ele não sofreria tipo algum de mudança, portanto, era também chamado de *Nirguna Brahman*, um deus impessoal, sem forma nem qualidades.

Mais tarde, as sequenciais invasões estrangeiras deram origem à experiência multicultural que promoveu os primeiros sinais no campo religioso para a ideia de tríade. O Nirguna Brahman, até então distante, passou a ser deus em uma manifestação pessoal, acessível aos seres humanos, que veio conhecer Sadguna Brahman, deus pessoal, embora transcendente, também presente em todos os seres, animados ou inanimados, especificamente como uma presença oculta dentro do ser humano. Como afirmam Brandon e Luke, citados por Toropov e Buckles (2006, p. 213), "Brahman (ou o Absoluto) é essencialmente impessoal e ao mesmo tempo, pessoal; ele é manifesto em uma variedade de formas que são mais bem entendidas como símbolos da verdade divina".

2.5.1 A tríade hindu

O principal indicativo histórico da construção da tradição hindu é a invasão da Índia pelos arianos. O confronto entre as duas culturas – ariana e dravidiana – gerou a semente de uma nova tradição no subcontinente indiano. Logo após a invasão da Índia, houve o processo de arianização, decorrente da submissão forçada da cultura dravidiana, evento do qual resultou a tradição védica. Em um segundo momento, ocorreu a "hinduização" propriamente dita, que resultou no contexto atual, o qual passaremos a chamar de *tradição hindu*. Constatamos essa fusão na afirmação de Andrade (2007, p. 97, grifo do original):

> O termo "hinduização" é utilizado para designar o momento no qual as tradições dravidiana e ariana abandonam suas diferenças. Ao longo do tempo elas se fundiram em uma só, construindo uma identidade religiosa e social unificada, denominada Hinduísmo. Essa integração reflete-se na construção da Tríade Hindu (a **Trimurti**), que apresenta – em pé de igualdade ou de alternância de supremacia – tanto divindades arianas (**Brahma** e **Vishnu**) quanto dravidianas (**Shiva**).

A elaboração da tríade hindu se deve à metáfora originária da experiência agrícola, em que existe um processo cíclico e contínuo: preparação da terra, semeadura, crescimento das plantas, colheita e, finalmente, a morte. Essa experiência da natureza foi levada ao universo religioso, no qual o Brahman, embora uno, começou a se apresentar sob três aspectos: **Brahma**, **Vishnu** e **Shiva**, respectivamente, criação, preservação e transformação. Também existe a opinião entre os antropólogos de que a tríade hindu provém dos cultos solares. Dizia-se que o Sol tinha três corpos: o primeiro gerava por seu calor fertilizante; o segundo preservava com sua luz tranquilizante; e o terceiro destruía com seus raios violentos. Assim Smet e Neuner (1997, p. 315, tradução nossa) descrevem: "Ele [o Sol] é o *Dinakar* durante o dia todo, na parte da manhã, é chamado *Bhaskar*, ao meio dia, *Martand* (calor forte), e de *Rajanikar*, como criador da noite, à tarde".

FIQUE ATENTO!

Observamos, na iconografia da tríade hindu (Figura 2.2), os deuses representados em formas distintas, cada um deles com a própria especificidade quanto ao trabalho de criação. Essas três divindades são necessárias para que haja uma criação harmônica na tradição hindu.

FIGURA 2.2 – Representação iconográfica da tríade hindu

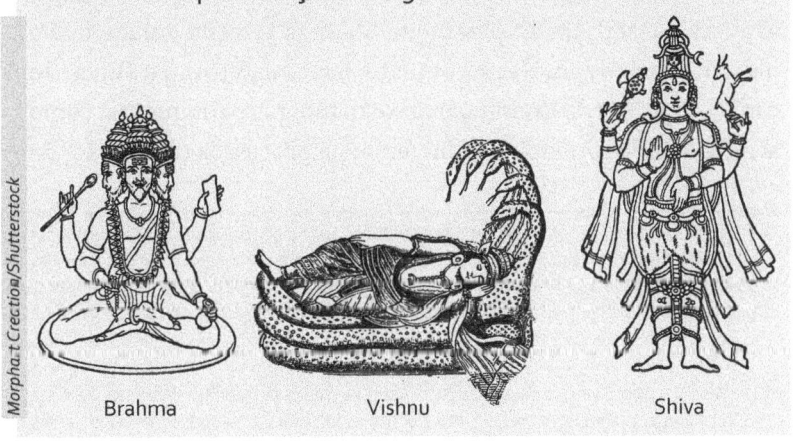

Brahma   Vishnu   Shiva

Morphart Creation/Shutterstock

Conforme destacamos, o hinduísmo é a religião dos povos que perderam suas raízes nômades e assumiram características de nação agrícola, fixando-se na região na bacia do rio Indo. Como explica Andrade (2010, p.47-48, grifo do original),

> Nessa passagem, produz-se a mudança de uma visão linear para uma visão cíclica do tempo, representada pelas divindades concebidas como tríade – **Brahma, Vishnu** e **Shiva** – respectivamente, o Criador, o Preservador e o Destruidor. **Brahma** ocupa a primazia. Os dois primeiros, **Brahma** e **Vishnu**, supostamente são a síntese das divindades dos nômades – **Shiva**, a dos nativos[7].

Assim surgiu a busca por uma unidade que formasse a base do conceito de Deus no hinduísmo.

O clamor para estabelecer a unidade na crescente diversidade do subcontinente indiano é sintetizado na tríade hindu, em que todas as crenças encontram seu lugar. A criação da imagem dessa tríade – um corpo com três cabeças – poderia ser interpretada como uma consequência do processo de aculturação. As duas primeiras imagens, de Brahma e Vishnu, foram trazidas pelos arianos do universo desértico, ao passo que Shiva, a terceira imagem, é o nativo incorporado. Nesse contexto, Brahma, Visnhu e Shiva são os três aspectos da divindade que existem perpetuamente, como acontece todo o tempo no Universo: os processos de criação, de

---

7   Os invasores, povos nômades, em permanente migração por causa das condições geográficas do deserto, cultuavam as deidades do deserto – que caminhavam sempre com eles. Na chegada à Índia, levaram com eles o deus grego Dionísio, que ocupou, posteriormente, uma das posições principais. Havia também os deuses menores, que personificavam fenômenos naturais e virtudes humanas. Os deuses relativos aos fenômenos naturais eram: Indra, o deus do Raio; Vayu, o deus do Vento; Surya, o deus do Sol; Varuna, o deus das Águas; Agni, o deus do Fogo; Dyaus, o deus do Espaço. Esses deuses na Índia foram sintetizados em um único nome: Brahma. No deserto, havia pouco espaço para a solidariedade – ainda assim, alguns seres surpreendiam com virtudes elevadas. E, no tocante às virtudes humanas: Mitra representa a solidariedade; Aryaman, a honra; Bhaga, a partilha dos bens. Na Índia, todas essas divindades vinculadas às virtudes humanas foram contempladas na segunda pessoa da tríade, Vishnu (Daniélou, 1989).

destruição e de preservação. Conforme explica Parthasarathy (1985, p. 21, tradução nossa), "A criação e a destruição são como dois lados de uma moeda. A sustentação é uma parte integral do processo de criação e destruição. Por exemplo, a manhã morre para dar à luz a tarde. A tarde morre quando a noite nasce. Nessa cadeia de nascimento e morte, o ciclo do dia é mantido".

2.5.2 Divindades hinduístas

A existência de milhares de divindades masculinas e femininas sob a forma de animais e plantas, na Índia, está vinculada à compreensão de que tudo vem de Deus e tudo volta para ele. A **Criação** é concebida como a desintegração do corpo divino. Portanto, cada criatura, seja um animal, seja uma flor, faz parte de Deus e tem o potencial de se tornar Deus. O conceito apresentado pelas sagradas escrituras hinduístas, *"Aham Brahmasmi"* ("Eu sou Deus") indica que todos os seres devem procurar seus meios particulares – pelo caminho intelectual, serviçal ou devocional – para tornarem-se Deus.

A experiência fenomenológica do ser humano com animais e plantas constrói a ideia de que alguns animais, em razão de suas naturezas que indicam tranquilidade (vaca), inteligência (elefante) e vivacidade (macaco), são elevados a *status* de semideuses, como encontramos no caso de Ganesha (o deus elefante) e de Hanuman (o deus macaco), entre outros. A divindade Ganesha é a mais adorada pelos hindus, sendo chamada de *Vigneshwara* ou "aquele que tira todos os obstáculos de vida". Carregado de simbologias e mitos, Ganesha tem uma cabeça de elefante, que é o símbolo da mente humana. Todos os problemas do homem surgem na mente, portanto, a adoração a essa divindade nada mais é do que um pedido de tranquilidade mental para eliminar o obstáculo da ignorância (Parthasarathy, 1985).

FIGURA 2.3 – Ganesha

Tatyana Prokofieva/Shutterstock

No hinduísmo, encontramos a adoração das formas masculina e feminina do divino. Por exemplo, os deuses Brahma, Vishnu e Shiva têm consortes como Saraswati, Lakshmi e Parvati. Além disso, diferentemente das igrejas e das catedrais do Ocidente cristão, que foram projetadas para acomodar multidões de fiéis em uma cerimônia coletiva, os santuários hindus são construídos, antes de tudo, para acomodar a estátua ou o emblema sacro da divindade. Os monumentos religiosos indianos não contêm, em sua maioria, grandes espaços internos e são, muitas vezes, decorados com ornamentos e esculturas que ilustram os grandes mitos do panteão hindu.

Uma característica marcante do hinduísmo é a vasta utilização de **imagens**, consideradas representações diretas de Deus pelos seguidores dessa religião. Entretanto, é necessário que haja uma cerimônia elaborada pelo sacerdote na presença da comunidade e que consiste em determinados passos.

Em primeiro lugar, a imagem esculpida é levada ao templo na presença da comunidade e do sacerdote. Essa imagem é colocada sob uma mesa, no templo. Geralmente, o sacerdote vive em um dos quartos do templo. Nesse caso, antes da instalação da imagem da divindade, ele deve permanecer em silêncio absoluto, sem nenhum contato com o mundo exterior. Nesse período, a comunidade assume a responsabilidade de fornecer-lhe comida. O tempo que o sacerdote permanece com a imagem não é exato, pois o mais importante é o estado de iluminação do religioso. Em alguns casos, ele permanece isolado por dias; em outros, por meses. No exato momento da iluminação ou da experiência profunda da comunhão com o divino, o sacerdote toca o sino do templo, avisando e chamando a comunidade ao local. Na presença da população, ele começa a soprar nos pontos importantes da imagem e, assim, ela ganha vida.

Logo que tenha sido realizada essa cerimônia, os líderes da comunidade instalam a imagem no templo, e ela se torna, então, a representação do espírito vivo do deus retratado. Por isso, como afirma Janssen (1995, p. 13), "quando a imagem é invocada, adorada e zelada com cerimônias rituais tais como banho, alimentação e vestuário, na realidade é o próprio deus que está sendo servido desse modo".

Outro elemento importante quando se trata dos ícones das divindades hinduístas é a preservação do foco mental e da estabilidade do coração em Deus. Desse modo, percebemos que, no hinduísmo, o propósito real das imagens é que elas se comuniquem com os seres humanos para que haja o encontro destes com o divino – a fim de que eles vejam a divindade e sejam vistos por ela. Assim, todo o entendimento religioso hindu aponta que o divino não tem *nama e roopa* (nome e forma), portanto, é inimaginável; a única forma de o homem estabelecer a relação com ele seria pela criação de imagens, as quais fornecem o nome e a forma concreta para que a divindade seja compreendida. Portanto, "a iconografia é a interpretação da arte religiosa de uma raça, expressando-se de múltiplos modos. [...] Nos primórdios, a prática da arte entre os homens era de caráter principalmente religioso" (Das, 1995, p. 23, tradução nossa).

2.6 Templos hinduístas[8]

O povo indiano em geral é religioso. Para preservar essa religiosidade ao longo dos séculos, foram construídos os templos, que se tornaram uma representação da devoção da população local. O templo se tornou a casa de Deus, na qual se encontram as diversas imagens das divindades instaladas

---

[8] A maior parte do conteúdo desta seção foi elaborada com base em um artigo do próprio autor (Andrade, 2006).

FIGURA 2.4 – Templo indiano

Joachim Andrade

Para Subash Anand (citado por Andrade, 2006, p. 10), "A Índia não apenas pensa em imagens, mas também as constrói em um corpo consistente, cuja síntese é o templo. O templo é a expressão mais característica do hinduísmo, providenciando um foco para a vida social e espiritual da comunidade a que serve". Assim, o templo é visto como o lugar sagrado, onde são elaboradas três dimensões da busca espiritual: (1) templo como construção; (2) templo como ritual; e (3) templo como meta.

2.6.1 Templo como construção

Os templos hinduístas, conforme destacamos anteriormente, podem ser encontrados em todos os lugares da Índia, seja nas montanhas, seja nas planícies, seja nas margens dos rios ou à beira-mar. Sempre é verificado, pelos sacerdotes, se os três elementos da natureza – rocha, água e vegetação – estão presentes, pois eles simbolicamente significam estabilidade, peregrinação e vida. Na construção de um templo, segundo Andrade (2006, p. 12),

> Os sacerdotes-arquitetos se preocupam no seu posicionamento, orientação e circunstâncias temporais da sua construção. Mesmo antes da construção do templo, um ritual de fundação é requerido, envolvendo o estudo do espaço e da configuração dos céus; nisto depende a escolha do local e da data na qual a primeira pedra será colocada.

Além disso, alguns componentes essenciais – que são preceitos ritualísticos – devem ser seguidos, como destaca Stierlin (1998, p. 63-64, tradução nossa):

> As estrelas devem ser consultadas por um astrólogo e o lugar deve ser inspecionado pelo sacerdote, que pode discernir a influência benéfica ou maléfica do terreno; isso inclui a natureza do subsolo, o nível de umidade da terra, a exposição a ventos dominantes, a drenagem do solo e assim por diante. Outro ponto está particularmente relacionado a influências a que o templo estará suscetível na cidade ou no interior. Em uma cidade, o arquiteto deve levar em consideração o princípio hindu de planejamento, que requer um desenho rigorosamente geométrico. O lugar é também afetado pelo sistema de castas, uma vez que cada casta possui suas próprias áreas na cidade.

2.6.2 Templo como ritual

O segundo principal aspecto do templo é que ele é o lugar de todos os tipos de rituais praticados desde épocas antigas. A prática dos rituais elaborados, tanto de forma individual quanto coletiva, construiu, ao longo do tempo, a identidade hinduísta.

Na forma individual, o rito é compreendido como a jornada pessoal em direção ao divino: a vida humana é vista como *yatra*, ou a peregrinação em direção à divindade, a qual se encontra simbolicamente na imagem instalada no templo. O objetivo dessa peregrinação é apontado, em sânscrito, como "*darsan dena e darsan lena*", que significa "ver a divindade e ser visto pela divindade". Desse modo, quando o devoto inicia sua jornada, mantém os olhos fixos no ponto alto do templo, chamado de *bindu*, ou "pico" – o espaço entre o divino invisível e o visível ou o divino infinito e o manifesto.

No rito coletivo, mais evidente, a comunidade pede aos sacerdotes que elaborem os rituais para o agradecimento pelas graças recebidas ou para a obtenção de algo específico. Nessa forma de rito, a comunidade preserva os vínculos entre ela e o sacerdote ao mesmo tempo que afirma a própria pertença. Esses ritos são celebrados conforme a época e, muitas vezes, as refeições são partilhadas entre os devotos.

2.6.3 Templo como meta

Em geral, os templos são construídos em formato quadrado, apresentando as entradas em quatro direções e a imagem da divindade instalada ao centro. Dois elementos são importantes na construção da parte central do templo: a *garbhagriha*, que significa "caverna central" e na qual é erguida uma pequena torre, chamada *garbhagudi*, que simboliza a antiga crença do monte sagrado Meru[9].

Com relação ao templo como meta, devemos entender que, de um lado, o divino sai do centro em direção ao mundo ou em direção ao ser humano com suas atividades de criação; de outro, o ser humano peregrina em direção ao centro, para ter uma visão da divindade. Portanto, a meta ou o objetivo da construção do templo é promover um encontro entre o divino e o humano.

---

9 A tradição hinduísta conta que o deus Shiva meditou e elaborou uma doutrina sobre a Criação no monte Meru.

2.7 Teoria do carma e os princípios éticos

A teoria do carma[10] e os princípios éticos do hinduísmo estão intimamente interligados, pois um afeta o outro. O hinduísmo sempre parte do **princípio sincrônico**, que significa um olhar para a realidade, externa e interna, ou seja, de forma holística. Todos os indivíduos estão sujeitos ao destino, pois ele conduz o ser humano. Para auxiliar a compreensão desse tema, nos itens a seguir destacaremos, em um primeiro momento, a teoria do *carma* e da reencarnação e também os princípios éticos.

2.7.1 Teoria do carma e da reencarnação

A palavra *carma* vem do termo *kri*, do sânscrito, que significa "para fazer" ou "agir e reagir". É possível entender esse conceito como o princípio universal de causa e efeito, ação e reação, que os hindus acreditam que governa a consciência humana. O **carma** refere-se à totalidade das ações, cujos produtos são as reações (na atual vida ou na vida anterior), as quais determinam o futuro pessoal. O hinduísmo define que o carma é produzido com base em quatro elementos, guiados pela instrução pessoal: (1) pensamentos, (2) palavras, (3) ações da própria pessoa e (4) ações dos outros.

Nessa compreensão, o conceito de **reencarnação** está intimamente vinculado à lei do carma, uma espécie de mecanismo

---

10 Os indianos escrevem a palavra *carma* como *karma*. Contudo, em língua portuguesa, encontramos diversos textos que grafam a palavra com a letra "c"; portanto, optamos pela grafia *carma*.

cósmico, de equilíbrio, do qual ninguém pode escapar[11]. Como explica Antoine (1997, p. 153, tradução nossa): "A presente existência é configurada e determinada pelas ações [carma] de uma existência prévia, que por si só foi o resultado das ações de uma existência anterior, e assim sucessivamente, em uma série de vidas sem início definido, submetidas a determinismo cego de rígida retribuição".

Esses nascimentos sucessivos encontram-se no interior da existência humana, conhecida pelo conceito *samsara*. No hinduísmo, a existência humana é comparada ao oceano, que passa por constantes experiências de turbulências. De acordo com a definição de *samsara*, a possibilidade de libertação do indivíduo está na vivência correta conforme as leis estabelecidas pela religião – experiência chamada de *t*. Há duas abordagens que podem esclarecê-la. A primeira é a da Katha Upanishad (citado por Atoine, 1997, p. 153, tradução nossa), que esclarece:

> O homem se encontra na escravidão de *samsara:* "como o milho, é colhido quando maduro, como o milho, torna a brotar" (Katha Upanishad, I,1,6). Ainda: "O homem sábio discerne valores espirituais: escolhe o bem ao invés do mal. Aqueles que não são sábios escolhem o que lhes dá prazer, e aqueles que acreditam que este mundo existe e outro não caem repetidamente no domínio da morte".

---

11 Existem diversas compreensões sobre a reencarnação, principalmente no Brasil, elaboradas com base na visão kardecista, que é um pouco diferente da visão das religiões indianas. A tradição hinduísta aponta que tudo aquilo que existe no mundo vem de Deus, portanto possui a dimensão do retorno ao divino. O que atrapalha esse retorno é a ignorância. Assim, até que o sujeito chegue à perfeita consciência do divino, ele precisa passar por diversos estágios, na vida atual ou na vida posterior. Conforme a intensidade da ignorância, o indivíduo pode passar por estágios em forma de animais ou de plantas até a purificação total. A visão kardecista, por sua vez, apoia-se na lei de progresso; dessa maneira, a reencarnação é entendida como uma oportunidade dada por Deus para que as pessoas possam redimir os próprios erros e, de forma gradativa, evoluir até a chegar à plenitude. A partir do momento em que a pessoa chegou ao estágio humano, ela não pode regredir, pois o kardecismo não reconhece o retorno aos estágios inferiores, como acontece na tradição hinduísta.

Na concepção hinduísta, a Criação é vista como *lila*, a dança de Deus, que indica que ela se originou por meio da dança. A presença divina no mundo, ou seja, a vinda de Deus para a esfera dos humanos, pode ser compreendida pela metáfora "do centro para a periferia". Portanto, a salvação é compreendida como tentativa do ser humano de retornar ao centro – ao divino. Em outras palavras, podemos afirmar que a Criação é o Todo tornando-se muitos, e a salvação representa muitos retornando ao Todo. Nessa perspectiva, toda a Criação é considerada a manifestação da presença de Deus.

Desse modo, a conduta moral é construída; os conceitos como *mokha* (a libertação), *samsara* (os ciclos da vida) e a teoria do carma (ou da causa e efeito) são elaborados. Entre essas definições, a teoria do carma é aquela que mais despertou a curiosidade do mundo ocidental, sendo compreendida de diversas formas. A forma mais simplificada da compreensão da teoria do carma é dada pelo monge Vivekananda (citado por Andrade, 2008, p. 123): "carma é a eterna afirmação da liberdade humana, nossos pensamentos, nossas palavras, nossos atos, são fios de uma rede que tecemos ao redor de nós mesmos". Apoiando-se nesse raciocínio, o aclamado médico contemporâneo Deepak Chopra (1994, p. 37) determina que, "Toda ação gera uma força energética que retorna a nós da mesma forma. O que semeamos é o que colhemos". Assim, é necessário que o indivíduo tenha sabedoria para lidar com as consequências de suas escolhas.

Um dos obstáculos para atingir a libertação na tradição hinduísta é que a ignorância é causada pelo desejo e pelo prazer, que deixa o ser humano preso à *samsara*. O desenvolvimento do conteúdo religioso significa apenas compreender essa condição humana, perceber as amarras criadas pelo próprio ser e buscar a libertação. Existem dois caminhos distintos de se atingir o divino: (1) na tradição cristã, por exemplo, um ser externo, "de fora", um ente superior precisa vir ao auxílio da pessoa; (2) no hinduísmo, o indivíduo deve tornar-se arquiteto da própria vida. Portanto, há dois conceitos específicos, como indica Paz (1995, p. 144): "no asceticismo cristão, o conceito central é a redenção, e no da Índia, libertação".

Desse modo, fica claro que o papel principal da religião é fornecer os princípios de vida para que o indivíduo os siga como base de orientação e, no hinduísmo, esses princípios são elaborados com base no esforço humano.

2.7.2 Princípios éticos de vida

Os princípios de vida estabelecidos pelo hinduísmo para a existência humana podem ser resumidos em quatro: (1) *artha*; (2) *kama*; (3) *dharma*; (4) *moksha*. Como esclarece Paz (1995), esses princípios têm sua própria dinâmica, e um sustenta o outro.

> O primeiro refere-se à vida prática, ao mundo dos ganhos e das perdas, dos êxitos e fracassos; o segundo, domínio do prazer e da vida sexual, não está regido pelo interesse, mas pelo desejo; o terceiro compreende a vida superior: o dever, a moral e os princípios que norteiam a conduta de cada um diante de sua família, sua casta e a sociedade; o quarto consiste na libertação das cadeias da existência. Todas as quatro finalidades são legítimas. Porém, na escala de valores, o prazer é superior ao trabalho, o dever ao prazer, e a libertação aos outros três. (Paz, 1995, p. 151)

A vivência desses princípios ocorre por meio de outro conceito, *varnashramadharma*, que, por sua vez, subdivide-se em três máximas: (1) *varna*; (2) *ashrama*; e (3) *dharma*.

Varna significa "cor". Os arianos, de pele clara, discriminaram os nativos indianos de pele escura no início do processo de aculturação. Essa atitude promoveu, posteriormente, o estabelecimento do sistema de castas na Índia.

Ashrama consiste em quatro fases que cada ser humano deve vivenciar ao longo de sua vida. A primeira fase, *brahmacharya*, celibatária, que se estende até os 25 anos, é dedicada à obtenção de conhecimentos. Nesse período, as expressões emocionais, como namoro e casamento, são impedidas, pois prejudicam o crescimento intelectual da pessoa. A segunda fase, *grahasta*, que compreende a faixa etária entre 25 e 50 anos, é a fase da vida em família. O indivíduo se casa e, por meio do trabalho, procura manter sua família e dar formação aos filhos. A terceira fase, *vanaprastha*, decorre dos 50 aos 75 anos e pressupõe o afastamento da pessoa do universo mundano e seu recolhimento para uma vida eremita. Normalmente, nessa fase, os hindus se retiram às montanhas para meditar e refletir. A última fase, a *sanyasa*, estende-se dos 75 aos 100 anos e trata-se de uma passagem para a vida ascética, que significa total desapego relativo ao mundo e à família. O *ashrama* é o sistema que conduz o indivíduo a evoluir gradativamente de um estado para outro.

O conceito de *dharma*, termo que muitas vezes é interpretado como "religião" nas línguas modernas, tem o significado clássico de retidão ou de boa prática ética, de acordo com os princípios transmitidos de tempos em tempos pelos virtuosos ancestrais hindus. *Dharma* designa a tradicional ordem estabelecida, que inclui todos os deveres, sejam individuais, sejam sociais, sejam religiosos. Contudo, na Índia, a maior ênfase está na vivência moral, na qual o hindu é convidado a se prevenir dos três inimigos – *kama* (desejo), *lobha* (egoísmo) e *krodha* (raiva) – e a cultivar virtudes como compaixão, bondade, contentamento e paz. Ao passo que a lei do carma faz da vida humana algo puramente individual, o *dharma* sublinha os deveres sociais de cada hindu.

Assim, em *varnashramadharma*, o conceito de *varna* refere-se à relação social diferenciada entre os indivíduos para que se mantenha a pureza das raças, mediante o sistema de castas; o *ashrama* fornece a base e as diretrizes para o crescimento individual adequado; o *dharma* aplica-se ao universo das pistas morais e espirituais para uma vivência correta na sociedade.

Segundo Janssen (1995, p. 4),

> Cada pessoa tem caráter e talentos próprios. Para alguém com tendências filosóficas, o caminho do conhecimento *(jnana)* é o correto, enquanto que para alguém com tendências práticas, é o das ações *(karma)*. A pessoa disciplinada optará pela senda do autocontrole espiritual *(yôga)* e a devotada, pela da adoração *(bhakti)*.

Portanto, para que sejam postos em prática os princípios do hinduísmo, a religião oferece muitos caminhos diferentes e igualmente valorizados, que podem ser escolhidos pelos hindus e seguidos para o alcance da meta divina da salvação.

2.8 Sistema de castas

Toda descrição do hinduísmo será incompleta se não for destacado o sistema de castas, que se tornou uma característica da vida social e religiosa na Índia desde os anos 800 a.C., ainda que as raízes de sua existência remetam a tempos remotos.

De fato, o nome hindu das castas é *jati*, que significa "espécies", como as espécies de animais e de vegetais. Quem explorou de forma detalhada o sistema de castas foi o antropólogo francês Luis Dumont (citado por Paz, 1995, p. 58), para o qual

> As castas são, antes de tudo, realidades sociais: família, língua, ofício, profissão, território. São uma ideologia: uma religião, uma mitologia, uma ética, um sistema de parentesco e uma dietética. São um fenômeno que não é explicável a não ser dentro e desde a visão hindu do mundo e dos homens.

O sistema de castas é uma **hierarquia social e religiosa** que determina casamentos e funções sociais. As principais castas previstas pelas sagradas escrituras do hinduísmo, no hino X, versículo 90, são quatro: "*Brahmins* (uma elite erudita há muito associada ao sacerdócio); *Kshatriya* (a classe regente e militar); *Vaisyas* (mercadores e fazendeiros); *Sudras* (camponeses); e abaixo dessas quatro designações estão os assim chamados intocáveis, a quem são atribuídos os trabalhos mais servis" (Toropov; Buckles, 2006, p. 212). Assim, ao longo dos séculos, o hinduísmo desenvolveu uma estrutura complexa e rígida sobre quatro castas. Paz (1995, p. 59) explica que,

> Dentro das três categorias superiores, duas estão compostas por indivíduos duas vezes nascidos e daí sua superioridade: os brâmanes e os kshatriyas. A divisão segundo pensa Dumézil, foi tripartida em sua origem e corresponde à três funções tradicionais dos indo-europeus, tal como se vê em sua mitologia: deuses que regem a ordem cósmica, deuses guerreiros e deuses que a conservam ou a mantêm com sua atividade.

Posteriormente, as divisões iniciais se desenvolveram de tal forma que, na atualidade, há mais de três mil castas, cada uma com características próprias, incluindo rituais, regras de parentesco e tabus sexuais e alimentares. Um dos mistérios que ninguém conseguiu explicar é a origem das castas e o motivo de elas estarem presentes na Índia; apenas se sabe em que elas consistem e como operam no sistema social indiano.

Depois da independência da Índia, ocorreram algumas mudanças na compreensão do sistema de castas. Por um lado, em razão do incentivo à educação, houve uma ascensão das castas inferiores, que começaram a ocupar cargos mais elevados tanto na política quanto em outros setores; por outro, agora há os *dalits*[12], pessoas

---

12 Na Índia, os *dalits* são uma categoria de pessoas que não fazem parte da estrutura do sistema de castas. Eles são excluídos, pois não saíram de Deus, como afirma o hino Rig Veda do texto *Purusha Sukta*. A princípio, não são hindus, mas, ao mesmo tempo, a sociedade indiana os considera hindus para que possam elaborar os trabalhos mal remunerados.

que ainda encontram dificuldades para sair do contexto opressor, principalmente nas aldeias.

Conforme ressaltamos, o sistema de castas ainda é muito presente na Índia, entretanto, nos últimos anos, esse país vem tomando novos rumos de desenvolvimento econômico, o que favorece o enriquecimento de pessoas pertencentes a castas inferiores, as quais, consequentemente, ignoram tal sistema religioso. Por vezes, pessoas que ascendem na sociedade indiana buscam por esposas ou maridos de outras castas, interrompendo todo o sistema; consequentemente, a ordem de castas deve vir a apresentar, em breve, uma nova forma de lidar com a vida humana.

Ao refletirmos sobre os caminhos trilhados pelo hinduísmo, percebemos o quanto ele é complexo e de difícil compreensão, porém oferece, de maneira muito profunda, os conceitos e a estrutura minuciosa da vida religiosa e espiritual que os hinduístas seguem. Por não apresentar um único fundador, o hinduísmo é um livro aberto que instiga o aprofundamento no assunto. Como diz Annie Besant, fundadora da Sociedade Teosófica da Índia,

> Depois de mais de quarenta anos de estudo das grandes religiões do mundo, não encontro nenhuma tão perfeita, tão científica, tão filosófica e tão espiritual quanto a magnífica religião conhecida pelo nome de hinduísmo. Quanto mais você sabe sobre ela, mais a amará. Quanto mais a procurar entender, mais profundamente a valorizará. (Besant, citada por Iyer, 1995, p. 178, tradução nossa)

De acordo com Guerriero (2003), o hinduísmo, hoje, com seus inúmeros mestres, tem influenciado a sociedade brasileira, na qual encontramos em torno de cinco milhões de praticantes de ioga e de outras modalidades, como a meditação. Além disso, os aspectos da não violência, o respeito à natureza e a simplicidade são virtudes fundamentais que outras culturas podem assimilar como importante aprendizado.

Síntese

Neste capítulo, apresentamos um panorama geral do hinduísmo, descrevendo sua origem e seu desenvolvimento histórico. Analisamos os conceitos de Deus e das divindades que o compõem, bem como de suas sagradas escrituras. Abordamos seus códigos éticos e o sistema das castas que lhe é inerente.

Considerada uma das religiões mais antigas do mundo, o hinduísmo desenvolveu-se no subcontinente indiano desde os tempos antigos e não tem um fundador determinado, portanto, é chamado de *Sanathana Dharma*, ou Religião Eterna.

Inicialmente, essa tradição era conhecida como *religião védica*, em razão de seus complexos ritos; depois, passou a ser chamada de *bramanismo*, em razão da dominação da classe brâmane; por fim, recebeu o nome atual, *hinduísmo*, símbolo de unificação de toda a diversidade indiana. Considerado por muitas pessoas um estilo de vida, essa crença se sustenta pelas variadas interpretações dos mestres que surgiram ao longo do tempo.

Indicação cultural

MANIKA: a menina que nasceu duas vezes. Direção: François Villiers. Fança: Twentieth Century Fox, 1989. 106 min.

O tema da reencarnação não é uma novidade para a sociedade brasileira. Apesar disso, o assunto desperta imensa curiosidade nos adeptos que seguem as tradições que não aceitam tal crença. O filme Manika oferece amplo esclarecimento sobre o tema e apresenta o universo indiano da crença na reencarnação apoiada pela teoria do carma.

Atividades de autoavaliação

1. Assinale a alternativa que apresenta o fundador do hinduísmo:
   A] O deus Brahma fundou o hinduísmo.
   B] O hinduísmo não tem um fundador definido, por isso ele é chamado de *Sanathana Dharma* ou Religião Eterna.
   C] O hinduísmo não tem um único fundador, visto que um grupo chamado de *brâmanes* criou o hinduísmo.
   D] O hinduísmo foi fundado por pessoas que queriam se manter longe da violência.
   E] O hinduísmo foi fundado pelo deus Shiva.

2. Assinale a alternativa que apresenta os nomes dos deuses que formam a tríade hindu com os respectivos significados:
   A] Os nomes da tríade hindu são Brahma, Visnhu e Shiva e significam criação, preservação e transformação.
   B] Os nomes da tríade hindu são Brahma, Visnhu e Hanuman e significam vedismo, bramanismo e hinduísmo.
   C] No hinduísmo não existe tríade, pois ele tem um único deus chamado Brahaman.
   D] Os nomes da tríade hindu são Saraswati, Lakshmi e Parvati e significam educação, conservação e multiplicação.
   E] Os nomes de tríade hindu são Shiva, Lakshmi e Vittala e não têm significado específico.

3. Sobre os textos que fazem parte dos Vedas, o conjunto das sagradas escrituras do hinduísmo, analise as afirmativas a seguir.
   I. Os quatro primeiros livros dos Vedas são: Rig, Sama, Yajur e Atharva.
   II. Apenas dois livros, chamados *Sruti* e *Smriti*, compõem os Vedas.
   III. O único livro das sagradas escrituras do hinduísmo é o Bhagavad-Gita.

IV. Os textos posteriores aos primeiros quatro Vedas são: Bramanas, Aranyakas, Upanishads (formados por 13 livros) e os épicos Ramayana e Mahabharata, sendo que neste último consta o Bhagavad-Gita, o capítulo mais importante das sagradas escrituras do hinduísmo e tão respeitado quanto o Novo Testamento dos cristãos.

V. Os Vedas são formados apenas pelos livros Bhagavad-Gita, Ramayana e Purana.

Agora, assinale a alternativa que apresenta somente itens verdadeiros:

A] I e II.
B] I e III
C] III e IV.
D] I e IV.
E] I e V.

4. No templo hindu, são elaboradas três dimensões da busca espiritual. Sobre essa questão, assinale a alternativa correta:
   A] O templo tem somente uma única função: preservar as imagens das divindades.
   B] O templo é uma construção simples feita de rocha, onde as pessoas se encontram para meditar.
   C] Como construção, o templo simboliza a estabilidade, a peregrinação e a vida; como ritual, simboliza a busca da divindade; como meta, simboliza o encontro com o transcendente ou a busca por uma visão da divindade.
   D] O templo serve para a tríade hindu (Brahma, Visnhu e Shiva) desenvolver suas três atividades principais: criação, preservação e transformação.
   E] O templo serve apenas para a elaboração de aulas sobre o hinduísmo e a organização de festividades.

5. Analise as afirmativas a seguir e indique V para as verdadeiras e F para as falsas.

[ ] Os princípios de vida estabelecidos pelo hinduísmo para a existência humana podem ser resumidos em quatro: *artha, kama, dharma* e *moksha*. A vivência desses princípios acontece pelo *Varnashramadharma*, que, por sua vez, é subdividido em *varna, ahrama* e *dharma*.

[ ] O princípio principal do hinduísmo é *Varnashramadharma*, que é subdividido em *varna, ahrama* e *dharma*.

[ ] O hinduísmo tem um único princípio: seguir o Brahma.

[ ] O hinduísmo tem diversos princípios universais que pertencem a todas as religiões.

[ ] O hinduísmo tem princípios para a vida humana que indicam qual deve ser o papel do indivíduo na sociedade.

Agora, assinale a alternativa que apresenta a sequência correta:

A] V, F, F, F, F.
B] F, F, F, V, V.
C] V, F, V, F, F.
D] V, V, V, V, V.
E] V, V, F, F, V.

Atividades de aprendizagem

Questões para reflexão

1. Como você compreende a concepção de Deus na perspectiva hinduísta?
2. Como você compreende a crença dos hindus na reencarnação?
3. Quais as principais diferenças entre a religião da qual você é adepto e o hinduísmo?

Atividades aplicadas: prática

1. Atualmente, as relações comerciais entre Índia e Brasil diminuíram as distâncias geográficas entre os dois países. Além disso, um elevado número de brasileiros visita a Índia todos os anos. Realize uma entrevista com alguém que tenha visitado a Índia e observado as práticas hinduístas. Descubra o motivo que levou essa pessoa às terras indianas e os aspectos que mais a impressionaram. Caso você não conheça alguém que tenha feito essa viagem, realize uma pesquisa sobre o assunto. Em seguida, escreva um texto sobre os pontos mais importantes observados durante a entrevista ou a pesquisa.
2. Elabore um quadro comparativo entre a tríade hindu e a Santíssima Trindade cristã. Em seguida, aponte quais são as aproximações e os distanciamentos entre eles e analise como suas características se revelam entre seus adeptos.

JAINISMO:
UMA RELIGIÃO ASCÉTICA

Neste capítulo, apresentaremos uma visão panorâmica da tradição jainista, abordando a vida de seu fundador, sua doutrina e suas práticas ritualísticas, além da visão de cosmologia que essa crença construiu ao tratar da salvação dos seres.

O jainismo é a religião que se desenvolveu na bacia do rio Ganges, no norte da Índia, e atualmente se encontra espalhada por quase toda a região em escala menor do que o islamismo ou do que outras tradições. Entre as religiões do sudeste asiático, talvez a menos difundida no mundo ocidental seja o jainismo.

Etimologicamente, o jainismo vem da palavra *jina* ou *jaina*, que significa "o ser que conquistou o conhecimento espiritual". A doutrina nasceu como um movimento heterodoxo dentro da tradição hindu, mas nunca se espalhou dentro da Índia: ele tem uma minoria de indianos como adeptos, a maior parte deles espalhados nos estados de Gujarat e de Rajastão, no noroeste, e de Karnataka, no sul. Atualmente, há em torno de quatro milhões de fiéis que praticam essa doutrina com seriedade. Apesar de os hindus ortodoxos considerarem herética a tradição jainista, os hindus contemporâneos apropriaram o conteúdo ritualístico do jainismo às práticas religiosas cotidianas. É interessante notar que, apesar de dar ênfase às práticas de não violência, de abstinência e de crença na reencarnação, essa religião não encontrou um terreno fértil para crescimento em termos de adeptos.

3.1 Breve histórico de Vardhamana Mahaveera

Fundador do jainismo, Vardhamana Mahaveera nasceu por volta de 599 a.C., na região de Patna, localizada no norte da Índia, e faleceu por volta de 527 a.C., com aproximadamente 72 anos de idade, tendo sido contemporâneo de Buda. Foi filho do rei Siddhartha e de Chaitra Shukla Trayodsahi, conhecida popularmente por Trishala Devi, ambos pertenciam à casta dos guerreiros (Pereira, 1997).

O nome inicial desse fundador, destinado a ser um dos grandes profetas do jainismo, era *Vardhamana*, que significa "aquele que caminha sempre para a frente". Conhecido por sua coragem, recebeu o título de Mahaveera – *maha* significa "grande", e *veera*, "herói".

Sobre a história de Vardhamana Mahaveera, muitas lendas a ela foram incorporadas pelos discípulos do jainismo ao longo dos anos. Sendo príncipe, ele teve todas as possibilidades de se desenvolver em diversas artes e também na esfera intelectual. Era obediente aos pais e, já aos 8 anos de idade, fez votos de não violência, além de não ter se casado e ter levado uma vida austera, dedicando-se ao exercício contemplativo. Aos 30 anos de idade, Mahaveera entrou no grupo de religiosos da região conduzido por um líder chamado Parsvanatha, tornando-se monge errante e dando muita importância à vida ascética e de meditação, fato que o fez renunciar a todos os prazeres e a um palácio de luxo, deixando para trás os pais, os amigos e os parentes. Depois de negar o corpo e fazer penitência intensa por volta de 13 anos, Mahaveera atingiu a iluminação. Como ele acreditava que a renúncia era o único caminho para atingir a alegria eterna, distribuiu toda a sua riqueza aos pobres da região, recolheu-se à floresta e, inclusive, retirou o pequeno pedaço de roupa que ele vestia. Converteu 12 discípulos, que mais tarde estruturaram os ensinamentos do fundador e construíram a comunidade jainista (Pereira, 1997).

Depois de alcançar a iluminação pessoal, Mahaveera realizou algumas viagens pregando sobre a experiência religiosa que adquiriu durante sua vida ascética. A prática empírica do sofrimento dos seres humanos tirou toda a felicidade da iluminação do mestre jainista, fazendo com que ele procurasse meios adequados para ajudar os sofredores. A primeira atitude que o líder espiritual do jainismo tomou foi analisar profundamente o hinduísmo e os complexos rituais dessa tradição, os quais, segundo ele, eram puramente superstições que não traziam benefício aos homens.

Com relação ao hinduísmo, Mahaveera criticava principalmente a adoração das divindades, hábito que, segundo ele, não levava o indivíduo a praticar a bondade, além dos complexos rituais dos brâmanes, que não estavam de acordo com princípios éticos. Com base nessa compreensão, o líder do jainismo buscou disseminar uma ética mais simples e pregou a não violência em relação aos outros seres.

A atitude de não violência pode ser observada nas próprias palavras de Mahaveera (citado por Bowker, 1997, p. 51): "Aquele que controla as mãos, os pés, a fala e os sentidos volta a mente para dentro de si, tem uma alma calma e conhece os textos sagrados e seus significados, este é um monge verdadeiro".

Verificamos uma semelhança na pregação de Mahaveera com a de outros grandes mestres, como Jesus e Confúcio, quando o jainista indica a dimensão do perdão na seguinte exposição: "Eu peço perdão a todas as criaturas vivas. Que todas elas possam me perdoar. Que eu possa ter uma relação amigável com todos os seres, e hostil com nenhum" (Mahaveera, citado por Bowker, 1997, p. 43). Também é válido destacar que, para o jainismo, a violência ou a dor causada por um indivíduo a qualquer ser, em qualquer forma, seja animal, seja humana, será igualmente maléfica como se fosse causada ao próprio indivíduo. Assim, toda a doutrina jainista enfatiza a unidade da vida e a irmandade.

3.2 A cosmologia do jainismo

A cosmologia jainista afirma a **solidariedade** entre todos os seres vivos. Nesse sentido, exercer a violência sobre um deles, por mais insignificante que seja, é pecar contra o cosmo inteiro (Paz, 1995). O universo cosmológico dessa tradição é construído pela experiência ascética dos monges em seu próprio corpo, que compreende três partes maiores, conhecidas como *loka*: (1) cabeça, (2) tronco (peito e abdômen) e (3) pernas. A parte de cima é o lar dos que atingiram o estado de iluminação; a parte do meio é composta dos seres vivos mortais; e a parte de baixo é o nível infernal, a região mais fria do castigo. Cada uma delas, por sua vez, recebe subdivisões, conforme o resultado das ações realizadas ao longo da vida.

A parte mais importante do *loka* é a superior, que se encontra subdividida em cinco partes menores, os lugares dos cinco seres supremos idealizados, em torno dos quais gira toda a vida ascética do jainismo. Como afirma Bowker (1997, p. 45):

> O mais supremo dos cinco são os *arhats*, os honrados, também conhecidos como grandes mestres (*jinas*), ou fazedores de vaus (*tirthankaras*). Eles ensinam o caminho da libertação, que eles mesmos alcançam após fundar comunidades religiosas. Em segundo vêm as *siddhas*, as almas liberadas, que vivem no teto do universo em estado de pura felicidade. Em terceiro estão os mestres espirituais que conduzem os monges e monjas; em quarto, os mestres que instruem os monges e monjas na escritura jainista; e, em quinto, estão todos os outros monges.

O universo dos cinco supremos representa tanto a prática quanto o objetivo do caminho do asceticismo do jainismo. De modo geral, cada um deles é reverenciado com adoração pela manhã, com os mantras, pois os discípulos acreditam que os cinco seres têm o poder de curar enfermidades e destruir o mal. Além disso, Bowker (1997, p. 45) explica que "os cinco seres supremos representam os estados ideais do passado, presente e futuro. Uma infinidade deles existiu no passado e existirá no futuro".

Nessa visão cosmológica é que o pensamento jainista encontra seu lugar e, conforme esse pensamento, o tempo é infinito e formado por movimentos ascendentes e descendentes dos seres vivos durante milhões de anos. No movimento descendente, estão os seres já libertados, mas dispostos a ajudar os seres humanos que se encontram em declínio espiritual. No movimento ascendente, estão as almas das duas partes inferiores do *loka* (do meio e de baixo) que querem subir com as próprias atividades ascéticas.

Conforme a tradição jainista, somente 24 seres libertados desceram ao mundo, conhecidos como *tirthankaras*, entre os quais Mahaveera é último. Etimologicamente, *tirtha* significa "a muralha", ou um bloqueio que dificulta o processo de travessia, mas ao mesmo tempo se torna um meio para o indivíduo cruzar o caminho; *kara* significa "aquele que faz acontecer". Nesse sentido, *tirthankara* denota uma filosofia de guia espiritual que ajuda outros seres a atravessar o oceano de renascimentos do mundo.

3.3 Doutrina jainista

Para os jainistas, todo o Universo, inclusive os minerais e o fogo, tem vida, portanto, é necessário que as pessoas tenham um cuidado imenso ao lidar com cada forma de vida. O elemento fundamental no desenvolvimento da doutrina jainista é a **não violência**, que está na crença de que todos os seres têm alma. A quantidade de almas é infinita e de naturezas diversas, segundo o número dos sentidos, por exemplo, os minerais teriam somente um sentido, ao passo que os seres humanos têm cinco.

Essa crença levou os jainistas a propagarem a reverência pela vida de tal maneira que lhes é proibido matar ou ferir qualquer vivente, seja por palavras, por pensamentos ou por atos: eles não devem matar os animais para comer; não devem caçar ou pescar a mínima criatura, mosquito ou abelha; e não devem lutar contra aquele que os ataca. Para eles, até mesmo um verme tem alma. Inclusive, os monges jainistas andam com a boca coberta com um lenço para evitar que algum inseto entre na cavidade e seja morto acidentalmente. Assim, os adeptos dessa religião acreditam que toda alma é potencialmente divina e pode atingir seu verdadeiro objetivo seguindo as práticas de purificação e de disciplina deixadas pelos *tirthankaras* (Bowker, 1997).

CURIOSIDADE

FIGURA 3.1 – Símbolo de não violência do jainismo

Viktorija Reuta/Shutterstock

Esse símbolo jainista aponta o ponto central da tradição que é *ahimsa*, ou não violência. A roda que se encontra no meio da mão é o *samsara*, simbolicamente, o eterno fluir das coisas ou renascimentos. A palavra no centro da roda é "parar". Portanto, todo o conjunto – roda e palavra – representa a parada total das reencarnações ou do eterno fluir. Isso pode ser desenvolvido somente por meio da prática do asceticismo e da não violência (Pereira, 1997).

As almas libertadas residem na parte de cima do universo cosmológico em estado de liberdade espiritual; na compreensão cristã, podemos identificar esse estado como a profunda comunhão com o divino. Os jainistas apoiam-se no ensinamento dos mestres libertados, mas não na ajuda divina ou de qualquer outro tipo. Eles negam a autoridade dos Vedas do hinduísmo, assim como a existência de um Deus; segundo eles, o mundo não teve início nem terá fim.

Um dos elementos importantes da prática jainista é o desprender-se dos sentidos. Mahaveera afirmou que orientar a vida conforme os sentidos é uma escravidão – um elo entre o indivíduo e o mundo do *samsara*, que mantém o fluxo do carma. Para atingir a libertação, a pessoa deve destruir completamente a matéria. Para isso, existem diversos mecanismos, como mostra Pereira (1997, p. 244, tradução nossa):

> concentração mental (ioga), prevenção de más ações e desejos etc., mas o jainismo coloca ênfase especial sobre as austeridades. Nessa luta pela libertação, a luta sempre é solitária. Não há nenhum Deus Supremo. Os heróis do ser humano são *tirthankaras* (os libertados). Seguindo o caminho desses seres, o ser humano, com seus próprios esforços heroicos, escapa da sequência de carma-renascimento, [...] sua eterna Jiva [vida] ergue-se ao estado perfeito [nirvana], no qual ele vai gozar os quatro infinitos: de percepção, do conhecimento, do poder e da felicidade, para sempre.

3.4 Asceticismo jainista

O asceticismo rigoroso por parte dos jainistas encontra-se vinculado à renúncia, em razão do objetivo de atingir a completa libertação dos efeitos do carma. O carma é compreendido de forma diferente por hindus e budistas e, para os jainistas, o carma é um conceito moral de causa e efeito. A ênfase é no asceticismo, porque é desse modo que a alma é desenredada do carma, a natureza material do Universo. O asceticismo jainista envolve aceitação e conformidade com cinco **grandes votos**, conhecidos como *mahavrtas*, feitos pelos monges: "não violência (*ahimsa*), falar a verdade (*satya*), abstinência sexual (*brahmacharya*), não pegar nada que não seja dado (*asteya*) e desligamento de pessoas, lugares e coisas (*aparigraha*). Mais tarde, um sexto foi a eles adicionado: abster-se de comer à noite" (Bowker, 1997, p. 42).

Entre os votos, o mais importante é o da não violência, para o qual é direcionada toda a vivência do asceticismo jainista (Pereira, 1997). Os leigos fazem votos menores, por exemplo, viver por toda a vida como vegetarianos, manter a proibição de cultivar a terra, cortar as árvores, ferver a água, usar o fogo ou matar os insetos. Para os jainistas, somente seis ocupações são aceitáveis pela tradição: "governar, escrever, as artes, a lavoura, ser um artífice e o comércio" (Bowker, 1997, p. 42).

Conforme o jainismo, para evitar o aprisionamento do carma e o renascimento, é necessário que haja uma conduta correta do indivíduo, fato que retiraria também o carma acumulado da vida anterior. Assim, os ascetas passam grande parte da vida como andarilhos, não usam calçados e são proibidos de cozinhar ou cultivar alimentos. Eles devem mendigar em silêncio. O alimento, que é coletado nas tigelas de esmola e levado até ao mosteiro, é consumido durante o dia, longe do olhar dos leigos.

Por sua vez, os leigos são obrigados a doar alimentos ao monge jainista, pois, dando a esmola, eles obtêm mérito espiritual. O asceticismo rigoroso do jainismo promoveu na Índia o conceito de não violência, que o próprio Gandhi tomou como inspiração a fim de conquistar a independência do país. Também encontramos certo rigor entre os agricultores jainistas, visto que eles não plantam aquilo que cresce no subsolo, como batata, cenoura, alho e outros, pois, durante a colheita, as minhocas que vivem na terra podem morrer acidentalmente.

O jainismo prega e busca a libertação individual, contudo, promoveu um asceticismo tão rígido que poucas pessoas puderam acolher essa proposta. Segundo essa religião, o asceticismo é único caminho para que o indivíduo se liberte do mundo.

Essa tradição também não afirma a existência de Deus, como aponta Pereira (1997, p. 247, tradução nossa): "uma vez que nada é criado, não existe nenhuma criação de Deus. Mas como cada *jiva* (vida) é por natureza infinitamente perfeita, equivalentemente é um Deus". Para um deus pessoal não existe lugar no jainismo, pois ele não é necessário e, por isso, não existem divindades. O jainista embarca no universo ritualístico do hinduísmo e aceita a doutrina de reencarnação, carma e *moksha*. Além disso, essa doutrina adota costumes religiosos como fazer o jejum, viver uma vida de austeridade, pedir perdão, entre outras, que se vinculam à dimensão das práticas ritualísticas.

3.5 Textos sagrados

A maior parte dos ensinamentos originais do fundador do jainismo foram perdidos por diversos motivos. Uma das razões principais é que os monges eram proibidos de ter e consultar textos escritos, assim, eles deveriam memorizar os ensinamentos para passá-los à nova geração, em razão do voto de não ser permitido que tivessem algo que não lhes fosse dado. Portanto, com o passar dos séculos, os textos foram esquecidos ou mal lembrados, dando margem a distorções nas interpretações. Há também outra razão: por volta de 350 a.C., houve uma seca na região que matou milhares de monges e com eles foi-se também a memória dos ensinamentos (Gethin, 1998).

Os textos sagrados jainistas compreendem o **Agama**, que contém os ensinamentos de Mahaveera, os **Cheda Sutras** e os **Culika Sutras**.

Agama é uma palavra do sânscrito que significa "vir" ou "chegar", apontando a transmissão da doutrina baseada na linhagem dos mestres que têm autoridade e experiência.

Os Cheda Sutras[1] são um grupo de textos que abordam as regras de mendicância para a vida monástica. Os monges aspiram a uma vida ascética ideal e perfeita, mas, na vida real, cometem diversos erros. Portanto, esses textos apresentam os aspectos que desviam a conduta humana e os modos como podem ser consertados tais desvios por meio da penitência. Desse modo, os *Cheda Sutras* ensinam o cerne da doutrina jainista.

Os Culika Sutras são textos que oferecem os fundamentos mitológicos e epistemológicos para o cânone jainista e também abrangem a natureza da mente e do conhecimento.

3.6 Templos jainistas

Os templos hindus são construídos para instalar imagens das divindades, mas os jainistas não têm esse objetivo; neles, existe um espaço amplo para os adeptos sentarem-se e meditarem. Os

---

1 O termo *sutra* tem múltiplos significados, mas, de modo geral, pode ser entendido como "regra". Nesse caso, corresponde ao agrupamento de regras a serem seguidas pelos jainistas.

templos jainistas são chamados de *derasar*, um termo utilizado na língua gujarati falada no noroeste da Índia. Os fiéis dessa religião são encorajados a investir dinheiro na construção dos templos e adoram fazer isso, pois têm a compreensão de que o dinheiro oferecido para esse fim é a forma mais elevada de doação. Por isso, eles são luxuosamente construídos. Uma das funções mais importantes do sacerdote jainista é manter o recinto limpo diariamente, pois ele é um funcionário pago pelo templo, por meio das contribuições dos ricos.

No interior do templo, é instalada a figura de Jina, o ser iluminado, que é representado sentado na posição de lótus em eterna meditação. O devoto que vai ao local permanece por um tempo em silêncio em frente à imagem de Jina; depois, faz três prostrações diante dessa figura, pensando nas três pérolas jainistas – fé correta, conhecimento correto e conduta correta –, as quais ajudam o indivíduo a se libertar do ciclo de renascimentos. Em seguida, o devoto se dirige ao espaço vazio localizado na frente do templo, senta-se no chão e desenha, com grãos de arroz, o símbolo dos jainismo, a suástica, e medita. Em cima desse símbolo, o devoto deposita uma fruta, um pouco de açúcar, um pedaço de doce e uma moeda, o que significa que ele oferece tudo para Jina. Terminada a meditação, o adepto deve deixar o espaço limpo, varrendo os grãos e as frutas.

A suástica, de acordo com Cort (1992), aponta para quatro estados de transmigração que são habitados por seres celestiais (*devatas*), seres humanos (*manushya*), plantas e animais (*tiryanc*) e seres infernais (*naraka*).

FIGURA 3.2 – Templo jainista no sul da Índia

Por fim, o devoto encerra a visita ao templo com a oração universal, chamada *Nokar Mantra*, que é composta de louvores aos *jinas*, aos outros seres libertados e à comunidade dos monges. O mantra é formado pelo seguinte conjunto de louvores, que são os mais elevados do jainismo: *Louvor aos mestres libertados; Louvor às almas libertadas; Louvor aos líderes mendicantes; Louvor aos mendicantes preceptores; Louvor aos mendicantes do mundo todo*. O conjunto desses louvores, o **quíntuplo louvor**, destrói todo o pecado (Cort, 1992).

3.7 Os dois ramos do jainismo

Depois de alguns séculos da morte de Mahaveera, surgiu uma disputa entre os discípulos do jainismo sobre as regras da vida monástica, que deu espaço a dois grupos, ou ramos. O primeiro, conhecido como *digambaras*, significa "vestidos pelo céu" e indica que os adeptos devem estar nus. O segundo grupo, conhecido como *shvetambaras*, remete ao significado "cobertos pela veste branca", o que indica que os adeptos vestem uma roupa branca. Os primeiros permanecem totalmente nus durante as caminhadas ou em orações; os segundos utilizam leves vestes brancas tanto durante as preces quanto nas caminhadas.

3.7.1 Os digambaras

Os digambaras são o ramo principal do jainismo na atualidade. Depois da cisão entre os discípulos de Mahaveera, os radicais deixaram o norte da Índia e migraram em direção ao oeste e ao sul do subcontinente indiano, mantendo as práticas extremadas.

Conforme esse ramo da jainismo, os monges ascetas devem abandonar os bens materiais e não podem vestir nenhuma peça de roupa para se cobrirem, pois qualquer posse é impedimento à libertação. As monjas são obrigadas a usar roupa, uma vez que, segundo a crença dos digambaras, as mulheres são incapazes de atingir a libertação, pois, para isso, elas deveriam renascer como homens. Em razão da prática da não violência, os monges também utilizam uma vassoura para varrer o caminho em que eles andam (para não pisar em insetos), tomam água somente de poços abertos, mendigam comida e fazem apenas uma refeição por dia.

3.7.2 Os shvetambras

O ramo shvetambara é um pouco menos rígido do que o digambara, sobretudo para os leigos jainistas, e enraizou-se fortemente no norte da Índia, principalmente na região de Gujarat e do Rajastão, ao noroeste indiano. Essa divisão do jainismo é mais liberal, e aos monges e às monjas é permitido utilizar vestes brancas. Esse ramo passou por inúmeras subdivisões, cada uma delas tentando abrir-se conforme a época e a região.

Os shvetambras afirmam que o desprendimento está na mente e que a nudez pode exigir que seja aceso fogo no inverno, destruindo igualmente a vida. Além disso, defendem a ideia de que as mulheres são capazes de acolher uma vida ascética e, assim, também podem atingir a libertação.

3.8 Panorama atual

A tradição jainista, conforme apresentamos, tem uma complexa cosmologia, com regras bem definidas para os monges na busca de viver uma vida profundamente desapegada de bens materiais, os quais dificultariam o alcance da iluminação. A proposta não é tão fácil de ser seguida e, por isso, apresenta poucos adeptos. Dessa forma, não há indícios da presença dessa tradição fora do subcontinente indiano.

O jainismo conseguiu conviver com o hinduísmo, aceitando deste práticas religiosas e rituais, divindades e festas e, inclusive, conservando o sistema de castas. Essa religião, mesmo tendo poucos adeptos, continua a evoluir e está se adaptando aos novos tempos sem comprometer a própria doutrina.

SÍNTESE

Neste capítulo, analisamos o jainismo, uma quase desconhecida religião. Entre as tradições do sudeste asiático, talvez a menos difundida no mundo ocidental seja o jainismo.

Apresentamos sua rica cosmologia, a vida de seu fundador, sua doutrina, o asceticismo que ela prega, suas escolas e, principalmente, o conceito de não violência e de respeito a todos os seres. Evidenciamos que essa tradição prega a busca pela libertação individual, e promove um asceticismo tão rígido que poucas pessoas puderam acolher sua proposta.

Além disso, essa doutrina não afirma a existência de Deus ou de divindades, portanto, não abrange a propagação de rituais. Apesar das diferenças, o jainismo embarcou no universo ritualístico do hinduísmo e aceitou as doutrinas de reencarnação, carma e *moksha*.

Indicação cultural

GANDHI. Direção: Richard Attenborough. Estados Unidos; Índia; Reino Unido: Columbia Pictures, 1982. 188 min.

O filme retrata a história de Mohandas Karamchand Gandhi: sua vida na África do Sul e, posteriormente, na Índia, onde liderou diversos protestos contra colonizadores britânicos. A conquista da independência indiana e, por fim, o assassinato desse líder político pacifista são representados de forma autêntica.

Gandhi, o pai da nação indiana, foi uma das figuras de destaque que viveu a proposta da não violência no século XX. Os fatos históricos da vida contemporânea mostram que o conceito que ele defendeu ainda não foi devidamente compreendido pela humanidade. Sugerimos que você assista a esse filme para examinar a motivação pela liberdade e a vivência do conceito de não violência de Gandhi.

Atividades de autoavaliação

1. Qual é o significado da palavra *vardhamana*?
   A) Aquele que fundou a religião conhecida como *jainismo*.
   B) Aquele que caminha sempre para a frente.
   C) Aquele que não é violento.
   D) Aquele que precisa ser ajudado.
   E) Aquele que sempre está acordado.

2. Assinale a alternativa que expressa a semelhança entre a doutrina jainista, pregada por Mahaveera, e a doutrina cristã, pregada por Jesus:
   A) Faça aos outros o que você não deseja a si próprio.
   B) Não existe semelhança nas pregações de Mahaveera e Jesus.
   C) Faça aos outros o que você deseja que seja feito também a você.
   D) Não veja o mal, não ouça o mal e não fale o mal.
   E) Olho por olho e dente por dente.

3. Quais são os textos considerados sagrados para o jainismo?
   A) O Agama e os ensinamentos de Mahaveera.
   B) O Agama, os ensinamentos de Mahaveera e os livros *Shvetambaras* e *Digambaras.*
   C) O Agama, os Cheda Sutras e os Culika Sutras.
   D) Os Cheda Sutras, que são as regras do asceticismo, e os Culika Sutras, que são os textos que abordam a natureza da mente e do conhecimento.
   E) O Agama e os textos budistas.

4. Assinale a alternativa que completa a afirmação corretamente:
   Conforme o pensamento cosmológico do jainismo, o tempo é _____.
   A) circular, em que tudo volta para o mesmo lugar, com infinitas repetições.
   B) estático, parado, sem ter movimento ascendente ou descendente.
   C) infinito, mas não tem movimento por parte dos seres humanos.
   D) Infinito e formado de movimentos ascendentes e descendentes dos seres vivos durante milhões de anos.
   E) vertical e sem movimentos.

5. Analise as afirmativas a seguir e indique V para as verdadeiras e F para as falsas.

[ ] Os grandes votos do jainismo são: não violência (*ahimsa*), falar a verdade (*satya*), abstinência sexual (*brahmacharya*), não pegar nada que não seja dado (*asteya*) e desligamento de pessoas, lugares e coisas (*aparigraha*).
[ ] Os grandes votos do jainismo são: *artha* (economia), *kama* (desejo), carma (causa e efeito), *dharma* (verdade) e *moksha* (libertação).
[ ] O grande voto do jainismo é viver o *ahimsa*, ou não violência.
[ ] O grande voto do jainismo é permanecer calado a vida toda.
[ ] O grande voto do jainismo é andar sempre descalço.

Agora, assinale a alternativa que apresenta a sequência correta:

A) V, F, F, F, F.
B) F, V, F, V. F.
C) V, F, V, F, F.
D) F, F, V, V, V.
E) V, V, F, V, F.

Atividades de aprendizagem

Questões para a reflexão

Quase todas as tradições religiosas adotaram um símbolo específico para representá-las. Os símbolos remetem a múltiplos significados, portanto, são multivalentes. O jainismo utiliza a suástica para representar a vida ascética e, ao mesmo tempo, de abundância. O objetivo é que o indivíduo adquira riqueza mediante a não violência. Apresentamos, a seguir, os dois modelos de suástica: o da esquerda foi utilizado por Adolf Hitler e o nazismo, e o da direita é o utilizado pelo jainismo.

Versões do símbolo da suástica

Steve Allen/tony4urban/Shutterstock

Pouco se sabe sobre o jainismo no Ocidente e há poucos recursos bibliográficos disponíveis. Contudo, a proposta de não violência e de respeito a todo tipo de vida faz muito sentido também aos ocidentais. O elemento mais conhecido do jainismo no Ocidente é o símbolo da suástica, que foi utilizado, modificado e mal interpretado durante a Segunda Guerra Mundial. Alguns historiadores atribuem a morte de milhões de judeus à má compreensão desse símbolo. Pesquise e adquira informações básicas e autênticas sobre a suástica para enriquecer seu conhecimento sobre o assunto e depois responda às seguintes questões:

1. O que você sentiu ao observar o símbolo da suástica? Reflita sobre o tema e explique de que forma esse símbolo pode ser compreendido nos tempos atuais.
2. Como a proposta de não violência do jainismo pode ser vivida na atualidade, levando em consideração cenários de violência de naturezas diferentes?

Atividade aplicada: prática

1. Organize um encontro com quatro ou cinco colegas. Escreva em um papel a expressão "não violência" e depois discuta com eles sobre o tema e sua repercussão nos dias atuais. Registre as considerações e as organize em forma de artigo com o título *Não violência nos dias atuais*. Os conteúdos do jainismo, como a cosmologia e o asceticismo, poderão contribuir imensamente na elaboração do texto. Por fim, apresente o artigo aos colegas.

BUDISMO: BUSCA DA RELIGIOSIDADE A PARTIR DA RACIONALIDADE

É contraditório afirmar que o budismo é uma religião da racionalidade quando sabemos que sua gênese encontra-se justamente na perda da racionalidade. Embora o budismo seja uma crença racional porque não reconhece a ideia de Deus, sua doutrina apresenta uma mística muito profunda e suas práticas carregam uma imanente espiritualidade. É uma religião que trata da condição humana, apresentando os problemas reais, a causa desses problemas e os mecanismos para solucioná-los.

Nesse sentido, a doutrina budista dialoga com a filosofia e a ciência, uma vez que, para descobrir a natureza inerente ao ser humano, é necessário utilizar o pensamento filosófico e a percepção direta do fenômeno vinculada à experiência. Os budistas denominam esse processo de *descoberta da natureza de Buda*. Assim, a preocupação de um seguidor do budismo não é adquirir o saber sobre a origem do mundo, mas libertar-se dele. Como ele não acredita em Deus, o instrumento de libertação é ele próprio, por meio do uso da racionalidade.

Com base nesse contexto, neste capítulo, trataremos a doutrina budista de forma detalhada, mediante a análise da origem da figura de seu fundador e de suas diversas escolas, bem como da relação dessa religião com o mundo ocidental.

4.1 Contexto histórico

É fundamental destacarmos o contexto histórico que levou Buda a tomar a atitude de escolher um caminho puramente individual. Segundo Chopra (1994), entre os séculos VIII e VII a.C., o hinduísmo já tinha sua existência em torno de 700 anos e estava crescendo fortemente na região do rio Ganges, onde estavam em auge as atividades agrícolas e comerciais. O sistema de castas e os rituais mais complexos eram elaborados pela classe sacerdotal (brâmanes), que também estava sob total domínio da religião védica. Em razão dessa realidade religiosa e social, houve uma revolta por parte da classe guerreira (*kshatriyas*), que conseguiu tomar o poder político das mãos dos sacerdotes, introduzindo novos elementos às práticas religiosas. Nesse contexto, identificamos o movimento de Buda, visto que ele mesmo pertencia à classe guerreira.

A revolução religiosa de Buda começou com críticas aos rituais, os quais deixavam a população humilde em total dependência dos sacerdotes. Portanto, ele deu mais foco ao antropocentrismo, criticando o sistema de castas e o sistema ritualístico hinduísta, afirmando a busca da iluminação embasada na racionalidade. Esse caminho escolhido por Buda questionou a existência das divindades e, consequentemente, dos rituais.

4.2 Breve histórico de Buda

Pouco foi escrito sobre Buda durante sua existência nem após sua morte. As evidências sobre ele surgiram somente 100 anos após sua morte, quando, em virtude da popularidade do budismo, os discípulos começaram a escrever sobre o mestre. Portanto, a história do fundador dessa religião é um misto de lendas e de realidade.

Segundo evidências históricas, Siddhartha[1] Gautama nasceu por volta de 563 a.C., no jardim de Lumbini, região de Kapilavastu, na fronteira da Índia com o atual Nepal. Ele era filho do rei Shuddhodana, da tribo dos guerreiros chamados *shakyas;* sua mãe era a rainha Maya Devi, que faleceu logo após o nascimento do filho. Em virtude de sua pertença a essa tribo, Siddhartha era também chamado de *Shakyamuni* (Madan, 1992).

Conforme destacamos, de modo geral, pouco se conhece sobre os elementos básicos da vida de Buda, ao redor da qual foram incorporados elementos lendários. Uma das lendas conta que o príncipe Siddhartha, logo após o nascimento, foi encontrado caminhando sete passos, imprimindo sete marcas de lótus no chão e, nesse ínterim, com uma das mãos erguidas para o céu e a outra direcionada para a terra, proclamou:

> Eu venho do Paraíso de Tusita. Este é o meu último renascer no Mundo dos Homens. Estou vindo a este mundo para tornar-me Buda pelo bem da humanidade. Irei elucidar a todos sobre ambos os segredos: do Universo e das verdades da vida. Será minha missão redimir e libertar todos os seres vivos. (Yun, 1986, p. 5)

Desorientados, os pais notaram 36 marcas no corpo de Siddhartha. O pai convocou os monges da região para saber qual era o significado delas. Um dos monges, Asita, disse: "Ele tornar-se-á um grande imperador, o *chakravartin* – o movedor da roda que governa o mundo – e se manterá leigo, ou alcançará a iluminação e tornar-se-á Buda, se for ordenado monge *sanyasin,* ou o renunciante" (Yun, 1986, p. 2, tradução nossa). Para conservar o filho como príncipe, o rei comprou uma fazenda, na qual construiu três palácios: um para o inverno, outro para o verão e outro para o outono, oferecendo a Siddhartha todo o luxo e toda a beleza da vida.

---

1 *Siddhartha* significa "aquele que cumpriu todos os desejos".

Nessa fazenda, o príncipe teve sua formação e demonstrou extraordinária inteligência. Aos 12 anos de idade, ele podia compreender na totalidade o chamado *Pancha Vidya*, as cinco ciências ou estudos da Índia antiga; e, no campo religioso, ele tinha o domínio dos quatro Vedas ou Dogmas. Além disso, especializou-se também na ciência bélica e nas táticas militares. O príncipe Siddhartha era, incomparavelmente, magnífico. Casou-se aos 16 anos de idade com uma prima, Yashodhara, conforme o desejo do rei, e teve também um filho, Rahula. Tudo estava tranquilo para Siddhartha até ele fazer 29 anos de idade (Chopra, 1994).

É difícil afirmar quais foram as razões que levaram Siddhartha a tomar a atitude de sair do palácio. Contudo, a tradição preserva a história da experiência que ele encontrou ao sair do palácio e ver imagens de sofrimento. Como sintetiza Renard (2001, p. 24, tradução nossa), "o jovem [Siddhartha] viu o homem encurvado e perguntou qual era o problema. 'Velhice', foi a resposta dos servos. Quando perguntou sobre o leproso em agonia, 'doença' foi a resposta. Sobre a procissão dos aflitos ao redor de um defunto, os servos disseram: 'a morte'". Depois de avistar essas imagens, o príncipe ficou profundamente entristecido e, então, realizou seu quarto passeio, no qual se encontrou "com um monge mendicante, de uma magreza espantosa, vestido com farrapos e apenas com uma tigela de esmolas na mão. No entanto, possuía o olhar sereno de um vencedor. Era um monge asceta, um homem que vencera a dor, a morte, e a angústia, em busca do Atman (o Eu)" (Simões, 1985, p. 22). Depois de avistar esse monge, Siddhartha percebeu que na **serenidade** existia uma saída que o conduziria à **libertação**.

Assim, aos 29 anos de idade, após um período de profunda reflexão, o príncipe Siddhartha desistiu do mundo e, ao mesmo tempo, solicitou ao pai, o rei Suddhodana, permissão para prosseguir e realizar aquilo que havia decidido. Porém, o pai tentou convencer o filho a assumir o trono (Chopra, 1994). O príncipe Siddhartha, decididamente, respondeu que poderia atender à vontade do pai se este garantisse a realização de quatro aspectos fundamentais da vida: (1) que não existisse a velhice e que o homem dispusesse da eterna juventude; (2) que não existisse doença; (3) que não houvesse a morte para nenhum ser vivo; (4) que nada se acabasse ou se deteriorasse (Chopra, 1994).

FIGURA 4.1 – Imagem de Buda em Bodh Gaya

Sem saída, o rei Suddhodana deixou que o filho partisse. Uma vez que Siddhartha tinha clareza de seus objetivos, procurou realizá-los por formas diversas e por diferentes caminhos, também consultando os monges hindus. Não encontrando as respostas, ele mesmo iniciou sua jornada pessoal, meditando embaixo de uma figueira, perto da aldeia de Gaya. Nesse local, ele chegou à perfeita harmonia, que, de modo geral, é conhecida como *iluminação*. Até então ele era Siddhartha; daquele momento em diante, veio a ser um **Buda**, um ser iluminado. Pela primeira vez, ele reconheceu no mal a causa de todos os sofrimentos e vislumbrou os meios pelos quais poderia conseguir triunfar sobre esse mal.

A partir dessa experiência, Buda pregou sua doutrina por mais de 45 anos, até falecer aos 80 anos de idade.

4.3 A doutrina budista

A doutrina de Buda está embasada no princípio da experiência meditativa, ou seja, qualquer busca começa com a vivência do próprio indivíduo, como fez Siddhartha, sentado embaixo da árvore, e, depois, quando ele resumiu um famoso sermão budista, que é conhecido como *Sermão de Benares*, o lugar da base principal da tradição hinduísta. Dessa forma, ele apresentou um rompimento definitivo com a tradição em que ele mesmo havia nascido.

A seguir, apresentamos o sermão que se tornou o ponto de partida da doutrina e que foi aceito pelos budistas do mundo todo:

> O que é, irmão, a dor? Qual é a origem da dor? O que é a eliminação da dor? Qual é o caminho que conduz à eliminação da dor? Nascimento é dor, velhice é dor, doença é dor, morte é dor; aflição, desânimo é dor, não conseguir o que deseja ardentemente é dor. Mas qual é, irmãos, a origem da dor? É esta sede de viver, alimentada pela satisfação: é o apego ao ser e ao bem-estar. Isso, irmãos, é a origem da dor. Mas o que é, irmãos, a eliminação da dor? É a completa e total eliminação, a supressão, a negação dessa sede de viver. Mas qual é, irmãos, o caminho que conduz à eliminação da dor? É o santo caminho das oito regras, isto é: reta consciência, reta intenção, reta palavra, reta ação, reta vida, reto esforço, reto saber, reto recolhimento. (Ghislandi; Taimei, 1986, p. 11)

> **IMPORTANTE!**
> Toda a essência do budismo está contida em quatro proposições denominadas *quatro verdades nobres*[2]: (1) a existência da dor ligada ao eterno fluir das coisas; (2) o desejo como a causa da dor; (3) a supressão do desejo é o único meio de eliminação da dor; (4) há três etapas pelas quais é necessário passar para chegar-se à eliminação da dor: retidão, meditação e, por fim, sabedoria, a posse plena da doutrina. Cumpridas essas três etapas, chega-se ao fim do caminho, à libertação, à salvação pelo nirvana (Bowker, 1997).

Küng (2004, p. 154) resume essas três etapas como: "reto conhecimento, e reta intenção: saber (*panna*); reto falar, reto agir, e reto viver: moralidade, ética (*sila*) e reto esforço, reta atenção e reta concentração (*samadhy*)". As quatro verdades apontam que a felicidade e a infelicidade são inseparáveis na existência humana, e o budismo articula essas verdades como *dukkha*, que é a causa do sofrimento humano.

A prática da doutrina budista encontra-se em torno do **tríplice refúgio**, que acontece por meio da recitação da seguinte fórmula, extremamente importante para que o indivíduo obtenha a necessária motivação e a perseverança no caminho da salvação: "Eu me refugio em Buda; Eu me refugio em *Dhamma/Dharma* (doutrina); Eu me refugio em *Sangha* (comunidade)" (Payer, 1999, p. 155).

4.3.1 A Roda do Budismo

A respeito da doutrina budista, é necessário compreender seu principal símbolo, que é chamado de *Roda do Budismo*. Todo o

---

2   Há uma proposição sobre as quatro verdade nobres apontada por Bowker (1997, p. 54): "Primeiro, toda a existência é *dukkha*, ou seja, insatisfatória e cheia de sofrimento; segundo, o *dukkha* deriva do *tanha*, o desejo ou apego, que significa o esforço constante de encontrar algo permanente e estável no mundo transitório; terceiro, o *dukkha* pode cessar totalmente, e, isso é o nirvana; quarto, tudo pode ser alcançando pelo Caminho Óctuplo".

fundamento dessa doutrina encontra-se ao redor desse símbolo, que é também conhecido como *Roda da Vida* ou *Dhamma Chakra*.

A Roda do Budismo também representa o ciclo de *samsara* – o eterno fluir da vida, com repetidos renascimentos, que poderiam ser evitados se fossem seguidos os ensinamentos de Buda. Os budistas também consideram as três partes básicas da roda – eixo, raios, limite – como representações dos três treinamentos da prática budista: o eixo remete à estabilidade, por meio da disciplina moral; os raios referem-se ao treinamento de concentração; e o limite segura tudo como um conjunto (Bowker, 1997).

Figura 4.2 – *Dhamma Chakra* do budismo

Aha-Soft/Shutterstock

Fique atento!

Entre todos os conceitos doutrinais e éticos, a Roda da Vida remonta a um dos ensinamentos básicos do budismo: as quatro verdades nobres. Entretanto, a Roda da Vida também remete ao universo cíclico agrícola, em que notamos a impermanência dos eventos e dos elementos, pois o primeiro passo de Buda no processo da iluminação foi a intensa observação dos fenômenos cíclicos da natureza. Dessa forma, percebemos a intimidade do budismo com o universo natural da terra fértil para a construção de seus símbolos e de seu aspecto doutrinário.

Assim, no interior dessa familiaridade com o mundo, a natureza é apresentada na Roda da Vida, que, por sua vez, recebeu novas explicações e novos conceitos existenciais mais precisos, que são, necessariamente, aplicados na busca da iluminação individual. Para auxiliar a compreensão desse conteúdo, é necessário que analisemos os três conceitos que o próprio Buda fundamentou em seus ensinamentos, de acordo com Samten (2008): (1) impermanência (*anicha*); (2) insatisfação ou sofrimento (*dukkha*); (3) insubstancialidade ou "não eu" (ausência de uma essência permanente de si próprio) (*anattá*). O terceiro conceito parece ser mais complexo e é nele que se encontra o elemento fundamental da tradição budista.

ANICHA OU IMPERMANÊNCIA

O termo *anicha* indica que tudo o que o indivíduo sabe, tanto sobre o mundo interno quanto sobre o externo, passa por constantes mudanças. Por meio da meditação silenciosa, Buda conseguiu identificar a impermanência das coisas e, assim, produziu uma nova percepção da transitoriedade. Observamos, então, que não só o mundo externo passa por mudanças, mas também as representações pessoais a respeito do mundo, constantemente, são submetidas a desconstruções e a reconstruções.

Essa observação fenomenológica levou Buda a alertar para o fato de que a impermanência é o elemento fundamental de todos os fenômenos, inclusive de tudo o que pode ser chamado de "eu" – o corpo, a mente, as sensações, as percepções e os sentimentos. Desse modo, esse fundamento aponta que a existência é um estado impermanente, transitório, aplicado ao próprio curso da vida humana, percorrendo diversas fases, como nascimento, envelhecimento, adoecimento e morte.

Dukkha ou sofrimento

Segundo o budismo, a consequência do *anicha* ou da impermanência gera insatisfação, insegurança e frustração pessoal; é por isso que nada pode ser vislumbrado pelo indivíduo como algo definitivo. A tendência humana é buscar segurança nas coisas, satisfação duradoura e felicidade eterna, mas o conceito de *anicha* aponta justamente que isso está fora do alcance da humanidade. Nisto consiste o *dukkha*, o sofrimento: por um lado o desejo da felicidade duradoura; por outro, a experiência da impermanência (Samten, 2008).

O conceito de *dukkha* pode também ser visto como uma das características mais fundamentais do indivíduo, porque parece ser a força motivadora em todas as ações pessoais. Qualquer que seja a ação do corpo ou da mente, o ser humano a realizará porque pensa que ela o levará a uma situação mais satisfatória. Isso é válido para todas as ações, pequenas e grandes. Porém, para chegar a uma visão equilibrada, é necessário que a pessoa reconheça que mesmo experiências agradáveis são insatisfatórias, pois nunca vão, completamente, ao encontro das expectativas e, ademais, elas não duram. Como elucida Samten (2008, p. 26):

> *Dukkha* pode ser explicado, de forma simples, a partir do fato de que, quando temos alegrias, elas constituem-se em sementes do sofrimento. Essa é uma experiência cíclica – é como uma roda girando, entre as polaridades de estar bem e estar mal. Gostaríamos de encontrar o freio, quando estamos na região da felicidade, e gostaríamos de acelerar, quando estamos infelizes.

A princípio, *dukkha* é uma análise sutil do universo dos sentimentos, em que há experiências de oscilações e de transformações. De modo geral, os seres humanos têm cinco sentidos; contudo, a tradição budista afirma que a mente é o sexto sentido, que controla e organiza todo o desenvolvimento dos outros cinco.

> Cada pequeno objeto, cada pedrinha da paisagem, tem uma correspondência interna em nós em forma de energias, que percorrem nosso corpo e nossos nervos. A isso chamamos ventos "internos". Nosso apego não é às coisas, mas aos ventos internos que elas provocam. Os ventos internos são a experiência íntima dos objetos e também dos seres. Essa dependência e apego são a base de *dukkha*. (Samten, 2008, p. 27)

É interessante notar que os conceitos de impermanência e de insatisfação (*dukkha*), com efeito, encontram-se interligados: o ser humano observa na natureza o processo das mudanças e, ao mesmo tempo, faz a experiência das transformações no próprio corpo. Assim, os fatores externos e internos deram origem ao desejo, ao sofrimento – a *dukkha*.

Com relação ao *dukkha*, Buda elaborou a **teoria das 12 causas**, que é um conjunto de proposições de sentido duplo. Quando o indivíduo desce da primeira causa à décima segunda, assiste ao nascimento progressivo da existência; quando, pelo contrário, sobe da décima segunda para a primeira, são suprimidas, uma após outra, as causas da existência – e a pessoa acaba atingindo a libertação. Conforme os ensinamentos de Buda,

> Da ignorância provêm as ações da vontade; das ações da vontade provém o conhecimento; do conhecimento provêm os fenômenos mentais e físicos; dos fenômenos mentais e físicos provêm os seis domínios, ou seja, os cinco órgãos do sentido e a mente; dos seis domínios provêm o contato sensitivo e mental; do contato provém a sensação; da sensação provém o desejo; do desejo e da sede provém o apego à existência; do apego à existência provém o nascimento; do nascimento provêm a velhice, a morte, o sofrimento e o desespero. Esta é a origem de todo o império da dor. (Simões, 1985, p. 78)

Anatta ou insubstanciabilidade

Um dos conceitos mais complexos do budismo é a *anatta*, que significa que todas as coisas, físicas e mentais, não têm uma essência permanente – contínua do "eu" –, e que a ideia que a humanidade tem do "eu" é ilusória. Cada momento de cada dia é vivido como se a pessoa tivesse um "eu" permanente, no entanto, conforme afirma Hart (1987): "Nunca atravessamos o mesmo rio duas vezes, pois as águas sempre são diferentes."

O conceito *anatta* aponta para a faculdade da memória do ser humano, para a compreensão de um "eu" duradouro ou permanente. Se o passado é memória e o futuro é especulação, ambos não têm realidade, a qual ocorreria apenas no momento imediato da consciência que, em geral, é chamado de *presente*. Por isso, o budismo afirma que a consciência é um fenômeno momentâneo. Assim, o perigo da faculdade da memória do ser humano é que ela começa a construir e a reconstruir o conceito do "eu" no momento imediato, mantendo o sujeito na prisão desse "eu". A experiência da equanimidade evitaria o senso de continuidade da memória e, consequentemente, a construção de um "eu"; entretanto, a consciência continuaria a existir.

É possível explicar também a *anatta* com base em nossa experiência cotidiana. Quando repetimos, muitas vezes, seja por alguns dias, seja por meses, consciente ou inconscientemente, um pensamento ou um sentimento relativo a alguém ou a uma situação, é provável que estejamos levando uma vida perturbada. Nessa repetição consiste a construção do "eu" ilusório, ou seja, a repetição produz certa substância virtual no indivíduo à qual ele permanece amarrado a vida toda. Essa substância, ao longo dos anos, desvincula-se da causa que a criou e conduz o indivíduo em sua existência. Isso é o que Buda chamou de *eu adquirido* ou *eu construído*. Portanto, *anatta* é a forma de o indivíduo compreender esse processo, depois de eliminar a substância. Como o budismo afirma, de acordo com Bowker (1997, p. 57), "há uma esfera que não é nem a terra, nem a água, nem o fogo, nem o ar; é a esfera do nada. Isso é apenas o fim do sofrimento".

4.4 Textos sagrados budistas

Sobre os textos sagrados budistas, sabemos que não foi Buda quem os escreveu; ao que tudo indica, os discípulos, posteriormente, escreveram a respeito dos ensinamentos do mestre dessa religião. Por muito tempo, os monges budistas transmitiram os ensinamentos de forma oral, recitando-os nos encontros e nas orações diárias.

Apresentaremos, a seguir, alguns livros adotados pelos budistas.

4.4.1 Tripitaka

Tripitaka significa "três cestos de sabedoria" e é a primeira, mais antiga e mais completa coleção dos ensinamentos budistas e o único texto sagrado reconhecido, com muitos comentários adicionados posteriormente. Os textos foram escritos nas folhas de uma árvore e colocados em cestos.

Essa coleção de ensinamentos budistas também é chamada de *Cânone páli*[3]. O texto original tem 50 volumes. O Tripitaka, tradicionalmente, foi transmitido de forma oral, sendo escrito somente no século III. O conteúdo dessa coleção determinou o Primeiro Concílio Budista, logo após a morte de Buda. Em torno de 500 discípulos se encontraram sob a direção de Mahakashyapa, o sucessor do mestre fundador, e todos os ensinamentos do budismo foram recitados (Pereira, 1997).

O primeiro cesto é chamado de *vinaya-pitaka* ou *cesto da ordem*. O conteúdo básico dele é a vida de Buda, a origem da atividade monástica e as regras de disciplina no monastério. O cesto da

---
3   A língua páli era falada na época de Buda. Desse modo, o Tripitaka é conhecido como *Cânone páli* por ter sido originalmente escrito nesse idioma.

ordem inclui 227 regras para os monges, alguns regulamentos para as monjas e orientações para as interações entre os monges e os leigos. Quase todas as normas foram elaboradas com base nas respostas de Buda para as situações específicas que ocorriam na comunidade (Gethin, 1998).

O segundo, *sutra-pitaka*, é o cesto das instruções, escritos em forma de histórias (ou *jatakas*) que contêm os ensinamentos de Buda e suas vidas anteriores.

O terceiro cesto, *abhidharma-pitaka*, é sobre o ensino superior desde o século IV antes de Cristo. O conteúdo, organizado em sete seções, foi ensinado nas universidades da época, principalmente na Universidade de Nalanda.

4.4.2 Três sutras: livro das regras[4]

O livro dos sutras ou das regras é uma das obras mais importantes do budismo, principalmente no contexto do budismo tibetano. Esse livro contempla três sutras: (1) *Sutra do lótus*; (2) *Sutra do coração*; (3) *Sutra da terra da felicidade*.

O *Sutra do lótus*, que é o mais importante dos três, relata o sermão de Buda dirigido aos monges e aos *bodhisatvas*[5] e enfatiza a necessidade de os discípulos adquirirem a natureza de Buda para ajudarem as pessoas no processo de libertação.

O *Sutra do coração* apresenta os conceitos específicos do budismo. É curto e descreve os ensinamentos de *avalokiteshvara*, expressão que representa aquele que enxerga o mundo e está disposto a ajudar com piedade. Também fala sobre cinco *skandas*, ou elementos

---

4 O conteúdo sobre os sutras pode ser encontrado em diversas obras que tratam do budismo. Você pode conferir esse conteúdo em Bowker (1997).

5 A palavra *bodhisatva*, que alguns escritores escrevem como *bodhisattva* ou *bodisatva*, remete à ideia de que qualquer ser que atingiu a iluminação, mas é movido pela compaixão, assume uma atitude espontânea, embora consciente, de ajudar outros seres para que atinjam o mesmo estado de iluminação (Dalai-Lama, 2015).

da natureza humana, e aborda os conceitos do vazio, do nirvana e da realidade última.

O *Sutra da terra da felicidade* narra a história de Amitabha (Amida), que significa "Buda em meditação", que está em pura felicidade (Samten, 2010). O sutra fala também do compromisso de Buda em ajudar outros seres a se libertarem e apresenta uma imagem da terra da felicidade, para onde todos os seres devem ir.

4.4.3 O Livro tibetano dos mortos

O *Livro tibetano dos mortos*, o texto budista mais conhecido no Ocidente, descreve, do ponto de vista tibetano, os detalhes de diversos estágios da morte. A obra apresenta a crônica e a experiência religiosa em que uma pessoa se encontra durante o processo da morte: enquanto está morrendo; no momento em que morre; durante o intervalo de 49 dias entre a morte e o renascimento.

O livro é produto da tradição *nyingma*, do budismo tibetano, conforme a qual o texto foi composto no século VIII d.C., por Padmasambhava, que percebeu que o mundo não estava pronto para acolher os ensinamentos da obra. Assim, depois de escrito, o livro foi escondido como *terma* (tesouro), e os budistas acreditavam que ele não seria descoberto até que o mundo estivesse pronto para lê-lo e aprender os ensinamentos contidos nele. A obra foi descoberta no século XIV pelo monge Karma Lingpa, que tentou divulgar esses ensinamentos (Rinpoche, 2008).

4.4.4 Textos secundários

Há outros textos secundários que abordam o conteúdo do budismo. O primeiro é o *Mahavastu*, que abrange os estágios necessários para que um budista possa tornar-se um *bodhisatva*. O segundo texto, *Questões do rei Milinda*, incorpora o diálogo entre Nagasena, um sábio budista, e o rei Milinda, de origem grega e que ocupou a Índia depois de Alexandre Magno. O terceiro texto secundário é o *Prjnaparamita Sutras* ou *Sabedoria perfeita*, que compreende as explanações para que o ser atinja a iluminação.

4.5 Difusão do budismo

A difusão do budismo se deve a dois reis principais, Ashoka (263 a.C. a 223 a.C.) e Kanishka (120 d.C. a 162 d.C.). Ashoka era um rei hindu, mas a cidade Pataliputra se encontrava na região norte da Índia, atual estado de Bihar, onde o budismo nasceu e se espalhou. Portanto, esse rei teve contato direto com essa religião.

O impulso para acolher o budismo foi a experiência da Ashoka na guerra em Kalinga, na qual ele mesmo viu a morte de milhares de soldados. Assim, ele deixou a devoção ao deus Shiva, dos hindus, e disse a si próprio: "Daqui para frente, o rei fará do ensino da doutrina a sua única arma" (Renard, 2001, p. 33, tradução nossa). Então, ele declarou o budismo como a religião do Estado e enviou os próprios filhos, Mahendra e Sanghamitra, para o Sri Lanka, como missionários. Portanto, a difusão da doutrina ocorreu tanto nesse país – onde ainda permanece a escola Hinayana (ou Theravada), levada pelo rei Ashoka – quanto no subcontinente indiano. Durante o período desse rei, a doutrina budista foi levada ainda até o Egito e a Grécia.

O rei Kanishka é o segundo patrono da difusão da doutrina budista. Ele era chinês, emigrado para o Afeganistão, e foi convertido ao budismo pelos missionários de Ashoka, que já residiam nesse país. Nesse período, o budismo já tinha em torno de 600 anos e passava por mudanças doutrinais, dando espaço ao surgimento de diversas escolas ao redor de seus mestres específicos. Kanishka, depois de ser convertido, foi para China, Tibete e Myanmar, e, desde então, o budismo espalhou-se pelo subcontinente chinês e por outros países da região, locais onde se desenvolveram diversas escolas, acolhendo influências das religiões nativas, especificamente do Japão e da China.

Durante o período de Kanishka, o budismo estava ramificado em duas vertentes: a primeira, a escola Hinayana (ou Theravada), era mais concentrada na perfeição espiritual, por meio de uma vida monástica; a segunda, a escola Mahayana, era mais aberta e possibilitava que os budistas (e os leigos) fizessem a experiência da vida monástica e, assim, buscassem o caminho da iluminação. Posteriormente, surgiu uma terceira escola do budismo, a Vajrayana, com influência das tradições nativas do Tibete.

4.6 Escolas budistas

As escolas budistas surgiram mais ou menos depois de 500 anos do nascimento de Buda. Os budistas reconhecem três vertentes, talvez mais abrangentes e principais: Hinayana, Mahayana e Vajrayana. Apresentaremos sucintamente cada uma dessas tradições a seguir.

4.6.1 Hinayana

A escola Hinayana, que significa "pequeno veículo", era popularmente conhecida como *Theravada*, e sua tradição estabeleceu-se no Sri Lanka e no sudeste asiático. Por vezes, é chamada de *budismo do sul*. Como afirma Gethin (1998, p. 1, tradução nossa): "A escola [Hinayana] exemplifica certo conservadorismo. Relativo às outras duas tradições, de modo geral, ela pode estar mais perto da doutrina e da prática do budismo antigo, tal como este existia nos primeiros séculos antes de Cristo, na Índia".

A escola afirma que somente o monge, levando uma vida totalmente ascética, pode atingir a iluminação; é considerada mais conservadora e, por ser originária do budismo, seus seguidores são conhecidos como *theravadins,* isto é, "seguidores dos anciãos" (Gethin, 1998).

4.6.2 Mahayana

A escola Mahayana, que significa "grande veículo", por vezes é chamada de *tradição do leste asiático* – China, Coreias, Japão e Vietnã – ou *budismo oriental*. Essa corrente é mais aberta e possibilita que monges e leigos tenham a experiência da vida monástica e, assim, busquem o caminho da iluminação. Ao contrário da escola Hinayana, como afirma Gethin (1998, p. 1, tradução nossa), "Suas escrituras são preservadas em chinês, e sua perspectiva geral indica [...] um movimento de pensamento antigo do budismo indiano".

Um fato que devemos destacar com relação a essa escola é que ela é extremamente diversa, visto que incorporou os aprendizados do taoísmo, do confucionismo e do xintoísmo, em razão da convivência com tais tradições. Por esse motivo, a escola Mahayana acrescenta a possibilidade de reflexões filosóficas e místicas e dá espaço a práticas devocionais dirigidas a Buda e a outros seres iluminados (Gethin, 1998).

4.6.3 Vajrayana

A escola Vajrayana, que significa "veículo de diamante", também conhecida como *budismo tibetano* ou *budismo do norte*, parece ser a escola budista mais difundida e popular no mundo ocidental, inclusive no Brasil. Essa tradição encontra-se mais distante das doutrinas originárias de Buda, pois ela difunde exatamente os pontos que o fundador do budismo criticou: o ritualismo, a mística e a magia. Desse modo, percebemos que as escrituras são preservadas em tibetano, mas o conteúdo foi extraído da corrente Mahayana e adaptado ao contexto da cultura do Tibete.

Essa escola foi desenvolvida principalmente no Tibete e, ao longo anos, teve seu conteúdo adaptado para as religiões nativas desse país. Dessa forma, o budismo da corrente Vajrayana adquiriu o misticismo tibetano e incorporou características peculiares que não constam em outras vertentes budistas (Gethin, 1998).

Contemporaneamente, há diversas escolas budistas, principalmente oriundas do Japão, da China e do Tibete. O terreno original do budismo, a Índia, tem pouca presença budista na atualidade. O foco do budismo no Brasil é o estado de São Paulo, mas também existem correntes budistas no Rio Grande do Sul, no Paraná e no Espírito Santo.

Entre todas essas vertentes, vale destacar a Soka Gakkai, um movimento budista iniciado pelo educador japonês Tsunesaburo Makiguchi, na década de 1930, e que se espalhou de tal forma que hoje conta com mais de 500 milhões de adeptos no mundo todo, principalmente no sudeste asiático e, inclusive, no Brasil. O objetivo principal do movimento budista é o desenvolvimento humano e a criação da cultura da paz (Samten, 2010).

Síntese

Ao longo deste capítulo, tratamos do universo histórico do budismo: o contexto de seu nascimento, a figura de seu fundador, sua doutrina, sua difusão e suas principais escolas.

A doutrina budista tem atraído muito fiéis em razão da proposta concreta da busca de iluminação, preservando tanto a racionalidade quanto a prática da religiosidade; portanto, às vezes, essa tradição é chamada de *caminho do meio*.

Evidenciamos que o foco principal do budismo é a superação do sofrimento. Dessa maneira, essa religião precisou desenvolver e cultivar a centralidade dos princípios do respeito, da tolerância e da gentileza em relação a todas as criaturas do mundo.

Outro elemento marcante nessa tradição e utilizado para superar o sofrimento da humanidade é o próprio ser humano, com base em três apontamentos: observação, meditação e ação – sem a necessidade de Deus. Talvez essa compreensão tenha sido o ponto de partida para que o budismo superasse os limites geográficos da Índia e se expandisse além das fronteiras, predominantemente no sudeste asiático.

Indicação cultural

SAMSARA. Direção: Nalin Pan. França; Índia; Itália: Miramax, 2001. 138 min.

O filme *Samsara* é uma resposta real baseada na ótica budista aos desejos que os humanos constroem dentro deles mesmos. O universo simples do Tibete é apresentado nesse filme, mostrando que os diversos rituais budistas no mosteiro têm algo a dizer à humanidade atual, pricipalmente aos estudantes que buscam ampliar o conhecimento sobre as religiões em geral.

Atividades de autoavaliação

1. Analise as afirmativas a seguir e indique V para as verdadeiras e F para as falsas.
    - [ ] A prática da doutrina budista gira em torno do tríplice refúgio, que acontece por meio de recitação da seguinte fórmula (Payer, 1999, p. 155): "Eu me refugio em Buda; Eu me refugio em *Dhamma/Dharma* (doutrina); Eu me refugio em *Sangha* (comunidade)".
    - [ ] A prática da doutrina budista gira ao redor do texto sagrado Tripitaka.
    - [ ] A prática da doutrina budista gira ao redor do conceito de não violência.
    - [ ] A prática da doutrina budista gira somente ao redor do sofrimento.
    - [ ] A prática da doutrina budista gira ao redor do conceito de fracasso.

Agora, assinale a alternativa que apresenta a sequência correta:
a) V, F, F, F, F.
b) F, V, F, V, V.
c) V, V, F, F, V.
d) F, F, F, F, F.
e) V, V, V; F, V.

2. Qual era o nome do fundador do budismo antes da iluminação e qual o título que ele recebeu depois dela?
   a) Buda e, depois, Siddhartha Gautama.
   b) Tripitaka e, depois, Buda.
   c) Siddhartha Gautama, também conhecido como *Shakyamuni*, e, depois, Buda.
   d) Shakyamuni e, depois, Siddhartha Gautama.
   e) Mahaveera e, depois, Buda.

3. Identifique os fatos que impulsionaram Siddhartha a deixar o palácio de seu pai definitivamente e o destino que ele escolheu seguir:
   a) A experiência da visão da velhice, da doença e da morte levaram Siddhartha a deixar tudo e a assumir a vida de um eremita.
   b) O apego à família levou Siddhartha a assumir a vida de um eremita.
   c) Siddhartha nunca precisou sair do palácio e ali permaneceu até o fim de sua vida.
   d) A velhice impulsionou Siddhartha a deixar o palácio definitivamente para viver no campo.
   e) O apego ao luxo do palácio levou Siddhartha a se tornar monge.

4. Analise os itens a seguir e identifique aqueles que apresentam os escritos que compõem a coleção de textos sagrados do budismo.
   I. Quatro Vedas (Rig, Sama, Yajur e Atharva) e três livros (*Vinaya-pitaka*, *Sutra-pitaka* e *Abhidharma-pitaka*).
   II. Os livros chamados *Sruti* e *Smriti* e os textos *Mahavastu* e *Tripitaka*.
   III. A Tripitaka (ou três cestos de sabedoria), composta dos textos: *Vinaya-pitaka*, *Sutra Pitaka* e *Abhidharma-pitaka*.
   IV. Três textos secundários chamados *Mahavastu*; *Questões do rei Milinda* e *Prajnaparamita-sutra* (*Sabedoria Perfeita*).
   V. Os textos sagrados do budismo são o Agama e alguns sutras.

   Agora, assinale a alternativa que apresenta somente os itens corretos:
   A) I e II.
   B) I e III.
   C) II e III.
   D) III e V.
   E) Apenas o item I.

5. Qual é o caminho de iluminação apresentado por Buda a seus discípulos depois que ele descobriu as quatro nobres verdades?
   A) O caminho de pertença: Buda, *Dhamma* e *Sangha* (pessoa de Buda, doutrina de Buda e comunidade).
   B) O caminho das oito regras: reta consciência, reta intenção, reta palavra, reta ação, reta vida, reto esforço, reto saber e reto recolhimento.
   C) Buda nunca mostrou um caminho, ele simplesmente impeliu os discípulos a meditar.
   D) *Dukha* foi o único caminho que Buda mostrou.
   E) *Anicha* foi o caminho que Buda mostrou para alcançar a iluminação.

Atividades de aprendizagem

Questões para reflexão

Uma das figuras-chave na difusão do budismo no Ocidente é o Dalai-Lama, que esteve no Brasil diversas vezes apresentando os ensinamentos budistas, principalmente a virtude da compaixão. Ganhador do Prêmio Nobel da Paz em 1989, proferiu, na ocasião, um discurso sobre a compaixão e a responsabilidade universal.

Apresentamos, a seguir, um trecho desse pronunciamento do Dalai-Lama para que você possa refletir sobre a preocupação desse líder espiritual em relação aos seres humanos e à natureza. O ensino religioso sustentado pelo conhecimento acerca das diversas tradições preocupa-se também com o cuidar, que se estende a práticas de atenção para com todas as formas de vida.

> A compreensão de que somos todos basicamente os mesmos seres humanos, que buscam felicidade e tentam evitar o sofrimento, ajuda muito a desenvolver um senso de que somos irmãos, um sentimento sereno de amor e compaixão por outros. Isto por sua vez, é essencial se devemos sobreviver neste mundo cada vez mais reduzido em que vivemos, pois se cada um de nós perseguir apenas o que acreditamos ser de nosso próprio interesse, sem se importar com as necessidades de outros, nós não só podemos acabar fazendo mal a outros, mas também a nós mesmos.
>
> Sabemos que fazer uma guerra nuclear hoje, por exemplo, seria uma forma de suicídio. Ou que poluindo a ar ou os oceanos, para obter algum lucro em curto prazo, estamos destruindo a própria base para nossa sobrevivência. Como indivíduos e nações estão ficando cada vez mais interdependentes, não temos outra escolha a não ser desenvolver um senso que chamo de responsabilidade universal. (Dalai-Lama, 2015)

Após essa reflexão, responda às questões a seguir:

1. De que forma a meditação do budismo pode ser praticada na atualidade?
2. Você acha possível buscar a religiosidade por meio da racionalidade? De que modo isso poderia ser realizado?

Atividade aplicada: prática

1. Sabendo que o budismo é uma religião que cresce cada vez mais e torna-se paulatinamente mais conhecida no Brasil, elabore um quadro que aborde os aspectos mais importantes dessa tradição aplicados ao contexto brasileiro. Para ampliar seu conhecimento sobre o assunto, faça uma entrevista com algum adepto do budismo, questionando-o sobre as razões que o levaram a tornar-se budista, a compreensão dele sobre a doutrina e quais os benefícios que essa religião traz para sua vida.

SIKHISMO: A RELIGIÃO DOS GURUS

Neste capítulo, abordaremos o contexto do sikhismo: seu nascimento, seu fundador, sua doutrina e a importância dos gurus na elaboração e na difusão dessa tradição religiosa.

A palavra *sikh*, derivada do termo em sânscrito *shishya*, significa "discípulo", mas, na língua punjabi (umas das línguas do local em que nasceu o sikhismo), significa "aprendiz".

O sikhismo é uma religião muito aberta e liberal, e isso é percebido no fato de os adeptos ocuparem postos-chave na sociedade indiana. Os seguidores dessa tradição são facilmente reconhecidos por adotarem barba e turbante, uma das obrigações a que eles devem obedecer. Essa religião originou-se dentro do movimento de reforma iniciado por um místico religioso, Kabir (1398-1448), que nasceu como hindu e cresceu em uma família muçulmana. Trata-se de uma tradição que surgiu da fusão entre o islamismo e o hinduísmo.

5.1 O contexto da origem do sikhismo

Os séculos XV e XVI foram palco de um crescente conflito entre os fiéis de duas religiões dominantes da Índia: o hinduísmo e o islamismo. O poder político estava nas mãos dos reis da tradição muçulmana, mas a maioria da população professava a religião hinduísta. Por um lado, a qualidade da vida moral dos muçulmanos era muito inferior; por outro, a vida espiritual dos hindus estava em decadência.

A complexa realidade religiosa dos hindus, com suas inúmeras divindades e crenças, além do terrível sistema de castas, desmotivava a população a seguir o hinduísmo. Os reis muçulmanos estavam no poder sempre preocupados com as conquistas de territórios, causando muita violência. Desse modo, muitos hindus foram obrigados a se converter ao islamismo.

Nesse contexto conflituoso, surgiu a tradição do sikhismo, fundada por Guru Nanak, que insistiu que a verdadeira unidade entre as crenças diferentes seria possível somente por meio da adoração de um objeto comum, o qual seria um deus, eterno, sem medo nem tempo, sempre amigo, não criado nem nascido e existente nele mesmo. Portanto, Nanak propagava a universalidade de Deus.

Assim, o sikhismo surgiu no começo do século XVI como uma reação contra a intolerância islâmica, a complexa realidade das divindades hinduístas e o sistema social de castas, defendendo também direitos iguais para homens e mulheres (Bowker, 1997).

5.2 Guru Nanak (1469-1539)

Guru Nanak, fundador do sikhismo, nasceu dentro da tradição hindu no pequeno vilarejo de Talwandi, no estado de Punjab, no norte da Índia. Casou-se aos 12 anos de idade e, ainda jovem, abandonou a família. Além disso, manifestou tendências à meditação e poucas habilidades para as ocupações terrenas. Contudo, aceitou trabalhar no armazém de um *nawab* (funcionário do império mongol na Índia) como guarda-livros, na cidade de Sultanpur. Conforme as escrituras sikh, em 1499, o Guru Nanak, enquanto se banhava no rio Bein, teve uma profunda experiência da presença de Deus, que ele mesmo afirmou ser o chamado divino. Nanak recebeu uma taça de Amrit (néctar celestial) e uma ordem: "Nanak, esta é taça devoção ao Nome: bebe-a [...]. Estou contigo e abençoo e exalto. Todo aquele que se lembrar de ti terá a minha benção. Vai, rejubila-te em meu Nome e ensina os outros a fazerem o mesmo [...]. Deposito sobre ti o dom de meu Nome. Que isso seja tua vocação" (Bowker, 1997, p. 78).

Nanak emergiu do rio depois de três dias, vendeu tudo o que tinha e afirmou que não existem hindus ou muçulmanos, pois havia percebido que a maioria das pessoas não seguia a própria fé com fidelidade. Podemos notar, na atitude desse guru, que, para ele, Deus era maior do que qualquer tipo de divisão religiosa.

Em seguida, esse líder religioso iniciou inúmeras viagens que o levaram a quase toda a Índia e ao exterior – principalmente aos centros de peregrinações –, mais especificamente à cidade de Meca. Nesses locais, ele estabeleceu centros de adoração conhecidos como *dharamsalas* ou *sanghat*, cujo propósito principal é fazer com que os seguidores escutem o mestre daquele local e cantem hinos. Essa comunidade, considerada pelos pesquisadores indianos como a congregação mista das religiões, é mais liberal, dispondo de cozinha (*guru ka langar*) para que todos os adeptos façam as refeições juntos (Bowker, 1997).

Notamos que Nanak tirou todo conteúdo religioso do sikhismo do hinduísmo e do islamismo, apesar de ele próprio não simpatizar com as práticas dessas duas religiões. Ele não teve simpatia para com os *sanyasis* hindus ou aqueles que largaram o mundo e os compromissos da sociedade. A crítica desse guru residia nas respostas dadas quando alguém perguntava a ele: "Nanak, como vai o mundo?" – ao que ele respondia: "A terra está cheia de pecado, os sábios, os místicos e os santos estão escondidos nas montanhas. Quem que está aqui para salvar o mundo?".

Quando um peregrino perto de Meca lhe perguntou "Quem é superior, hindu ou muçulmano?", Nanak respondeu "Os hindus e os muçulmanos irão chorar e não terão lugar no céu pela brutalidade que fizeram".

Nanak também utilizou o bom senso: quando adormeceu com os pés na direção de Meca, um muçulmano o acordou, pedindo-lhe para mudar a direção. "Irmão!", disse Nanak "Se pensas que mostrei o desrespeito por ter meus pés apontados para a casa de Deus, então me indica alguma outra direção em que Deus não esteja". A proposta de igualdade entre as pessoas pode ser notada na acolhida de dois companheiros, Bala e Mardana, de castas inferiores, a quem o guru chamou *bhai*, que significa "irmãos", pois, conforme o sikhismo, o verdadeiro religioso é aquele vê todas pessoas como iguais[1].

Nos últimos anos de vida, Nanak retirou-se para a cidade de Kartarpur, a qual foi confiada ao fundador do sikhismo para que este se recolhesse com o objetivo de orar pela comunidade. O guru morreu nessa cidade em 1539 (Bowker, 1997).

5.3 O livro sagrado: *Guru Granth Sahib*

Há dois nomes para o livro sagrado do sikhismo: *Adi Granth*, ou *Livro Original*, e *Guru Granth Sahib*, que significa "o guru que incorpora a tradição sikh". Conforme Bowker (1997, p. 83), "é a mais importante de todas as escrituras sikh e é a escritura original, pois segundo a crença sikh, encobre a verdade sobre Deus, o Ser Primordial, verdadeiro por toda a eternidade". O livro é uma coletânea dos hinos escritos por diversos gurus falando sobre a mensagem da libertação espiritual por meio da crença no único deus, ou *Nam*.

---

[1] Para saber mais sobre esses diálogos, confira Bowker (1997, p. 76-87).

O conteúdo desse material é organizado conforme a tonalidade musical conhecida como *raga* ou *melodia*. Além disso, a riqueza do *Guru Granth Sahib* é que ele incorpora também os hinos compostos por místicos hindus e muçulmanos. Essa obra é o eixo da vida religiosa da tradição sikh e, portanto, é muito respeitado pelos adeptos dessa religião.

De acordo com Bowker (1997, p. 82), "como *Guru Granth Sahib* é louvado da mesma forma que um guru humano, há diversas práticas respeitosas que envolvem sua leitura. Ele é mantido sob um dossel no alto de um trono e à noite é levado, coberto de rumalas, ou roupas decorativas, para repouso em um local especial". Além disso, os sikhs adotam o uso de um espanador sagrado, chamado *chauri*, que serve para abanar o livro como sinal do respeito. Esse espanador, ainda de acordo com Bowker (1997), é feito de pelos de cauda de iaque ou de fibra artificial, presos em um cabo de metal ou de madeira.

A leitura do livro sagrado pode ser realizada tanto pelas mulheres quanto pelos homens, desde que ambos tenham o conhecimento da escrita. O sikhismo também encoraja a leitura contínua por 48 horas do *Guru Granth Sahib*, considerado como corpo visível de Deus, para que o fiel adquira foco mental e concentração e, assim, receba benefício espiritual. Como a prece diária do sikh aponta que "do atemporal veio a ordem pela qual o Panth foi estabelecido. Todos os sikhs devem obedecer: aceitai como Guru o Granth. Aceitai o Granth como Guru, o corpo manifesto dos Gurus. Vós cujos corações são puros buscai-o no mundo" (Bowker, 1997, p. 82).

O ritual dessa tradição consiste em hinos do livro sagrado que devem ser recitados de forma cantada pelos adeptos. Embora seja permitido a qualquer pessoa a leitura do *Guru Granth Sahib*, na maioria das festas, somente um dignitário (ou uma pessoa autorizada) é escolhido para essa atividade.

Toda a vida dos sikhs encontra-se ao redor da sagrada escritura, por exemplo: os nomes das crianças são escolhidos mediante a primeira letra encontrada quando os pais abrem o *Guru Granth Sahib*; além disso, "na cerimônia de casamento, a parte principal do rito é caminhar ao redor do livro sagrado quatro vezes, a noiva atrás do noivo [...]. No momento da morte, os hinos de Granth são cantados durante o rito da cremação" (Pereira, 1997, p. 331, tradução nossa). Alguns rituais também são praticados, como cobrir o *Guru Granth Sahib* com um pano de seda, além de roupas e guirlandas, e abaná-lo com o *chauri* (leque, para refrescá-lo) e, dessa forma, a palavra de Deus e seus ensinamentos são respeitados.

5.4 A doutrina do sikhismo

O universo religioso sikh é fortemente influenciado pelo pensamento islâmico[2], portanto, é orientado pela absoluta **unidade e soberania de Deus**, que criou todas as coisas e tudo depende de sua vontade. Ele não se manifesta no mundo como os avatares[3] ou as encarnações das divindades conforme a crença dos hindus, mas sua vontade torna-se conhecida somente por meio dos guias espirituais, o que quer dizer que Deus pode ser conhecido apenas pela graça do guru. Nesse aspecto, é possível notar a forte influência do hinduísmo na construção da doutrina sikh e também a articulação, com modificações, de outros elementos hindus como a meditação, a lei do carma e a reencarnação. O Guru Nanak "rejeitou rituais,

---

2   Quando nos referimos à tradição islâmica, estamos indicando a corrente sufi, que se originou na Índia. O sufismo, que é uma vertente mais mística do islamismo, foi desenvolvido com a fusão dessa religião com o hinduísmo, em virtude do contato direto entre essas religiões (Madan, 1992).

3   O termo *avatar* refere-se a um dos deuses da tríade hindu, Visnhu, que encarna na terra para estabelecer a ordem em momentos de violência ou desordem. Etimologicamente, *ava* significa "estar além", *tru*, ou *tar*, significa cruzar ou atravessar, ou seja, o deus atravessa do céu para atender o humano (Johanns, 1997).

peregrinações, jejuns e qualquer observância externa que causava desunião e intolerância" (Pereira, 1997, p. 244, tradução nossa).

> **FIQUE ATENTO!**
>
> Para os hindus, a manifestação de Deus pode ser vista sob muitas formas, mas especialmente em templos e em lugares de peregrinação, ao passo que o sikhismo enfatiza que a divindade pode encontrar-se dentro de cada ser humano. Nas palavras de Bowker (1997, p. 84), sobre os ensinamentos do Guru Nanak, "o Nam ou Nome reside em todos, assim como a inaudível Palavra da Verdade (*Anahad Shabad*). Por que buscar fora o que pode ser encontrado dentro de si?". Esse ensinamento é visto como fundamental, mas não impede os sikhs de construírem santuários para marcar lugares e eventos importantes da própria história.

O conceito teológico do sikhismo pode ser resumido na crença da existência de um único Deus, que se encontra em um dos hinos da tradição: "Existe um só Deus. Se quiseres chamá-lo, chame-o de Verdade, quer dizer, aquele que foi, aquele que é e aquele que será. Ele pode ser realizado pela graça de um guru" (Pereira, 1997, p. 245, tradução nossa). O papel do guru está na compreensão de que os seres humanos se encontram presos ao carma ou ao ciclo de renascimentos causados pela lei moral da causa e do efeito. Agir no mundo de renascimentos indica estar no estado de ilusão (ou *maya*). A maior ilusão para um sikh é valorizar as coisas materiais acima das espirituais. Desse modo, um adepto deve passar por diversos estágios de purificação, iniciando no estágio inferior, o *manmukh*, até a chegada ao estágio superior, o *sachkand* – lugar de plena felicidade.

Para alcançar esse estágio superior, não é necessário renunciar ao mundo, porém o sikh deve encontrar a vontade de Deus naquilo que realiza cotidianamente. O cuidado do lar, algo fundamental para o sikhismo, também valoriza o aspecto comunitário ou coletivo que é promovido pelo templo. Os sikhs não acreditam em jejuar e cada templo conta com uma cozinha, onde a comida é distribuída gratuitamente. O trabalho voluntário e as doações são aspectos exigidos para o crescimento espiritual do indivíduo.

> **CURIOSIDADE!**
>
> FIGURA 5.1 – Símbolo sagrado do sikhismo
>
> Mingirov Yuriy/Shutterstock
>
> O símbolo sagrado do sikhismo, chamado *khanda*, é representado por uma espada de dois gumes. Conforme essa tradição religiosa, no princípio, Deus criou a espada de dois gumes e depois criou o Universo. Armas de três tipos são usadas no símbolo e cada uma remete a significados diferentes: no centro, encontra-se a *khanda*, a espada de dois gumes; há também a roda, que é uma arma circular, chamada *chakkar*, significando a universalidade, e duas espadas de gumes únicos, dispostas na base da imagem, que representam a dupla responsabilidade dos mestres, a adoração ao único Deus e o serviço aos irmãos. Assim, destacamos que o *khanda* simboliza

o conhecimento de Deus: a arma circular, representa a eterna natureza divina e unicidade da humanidade, e as duas espadas da base representam o poder político e o poder espiritual dos gurus.

5.5 O Templo Dourado

O templo recebe uma nova compreensão dentro do universo sikh, diferentemente do significado dado a ele por outras tradições. Para os hindus, o templo é o lugar da divindade, no qual o devoto, por meio da peregrinação, encontra-se com o divino – presente em todos os lugares, mas principalmente nesse ambiente. Para os muçulmanos, o divino reside no céu, pois é transcendente, mas, para os sikhs, Deus está em todos os lugares, principalmente dentro do ser humano. Assim, o sikhismo permite a construção de templos e santuários, desde que os devotos compreendam que Deus está dentro de cada pessoa e que o templo não é o único lugar de encontro com o divino (Bowker, 1997).

Entre todos os templos sikhs, o mais importante é o da cidade de Amritsar conhecido como *Templo Dourado*, considerado o mais sagrado dessa tradição, que simboliza a liberdade infinita e a independência espiritual. Esse templo, cuja construção foi finalizada em 1601, é decorado com figuras esculpidas em mármore, relevos em ouro e incrustações de pedras preciosas.

O Templo Dourado, lugar da oração dos sikhs, é popularmente conhecido na língua punjabi como *Harimandir Sahib* (Casa de Deus) ou *Darbar Sahib* (Corte Real) ou, ainda, como *Gurudwara*. Em geral, nas línguas indianas, a palavra *sahib* representa um tratamento de respeito atribuído às pessoas mais idosas, mas, no sikhismo, ela recebe novo significado: além de ser utilizada com relação a pessoas, também se refere a lugares.

O Templo Dourado é um símbolo da religião e, ao mesmo tempo, o lugar da peregrinação sikh. A construção iniciou-se quando o

Guru Ram Das começou escavar um lago no espaço doado pelo rei Akbar, da dinastia Mogol[4], primeiramente para resolver o problema de água na região. As escavações deram origem a dois lagos: Santokhsar e Amritsar (o primeiro significa "aquele que providencia a vida", e o segundo, "lago da imortalidade"). No meio desses lagos foi erguida uma pequena casa de oração, conhecida como *Guru ka Bazar*, que, posteriormente, foi transformada no Templo Dourado.

O templo Harimandir Sahib, que atualmente abriga o livro sagrado *Guru Granth Sahib*, tem quatro entradas que representam o acesso de todas as classes sociais. Em virtude dessa importante construção, a cidade de Amritsar tornou-se ponto turístico dos ocidentais, sendo muito procurada por peregrinos.

5.6 As cinco observações dos sikhs

As cinco observações obrigatórias do sikhismo vinculam-se ao contexto político da região de Punjab, no norte da Índia, que era dramática em razão de constantes invasões estrangeiras, principalmente pelos reis muçulmanos do Afeganistão e da Mongólia, Mohammad Ghazni e Mohammad Ghor, respectivamente, que invadiram e saquearam a Índia no século XII, levando o ouro que se encontrava nos templos hinduístas. Durante o tempo de Nanak, havia entre os sikhs o medo de tortura e de perseguição por parte dos então soberanos mogóis. Essa realidade levou Nanak a afirmar: "Com tanta matança e com tanto gemer, o senhor não sentes pena? Ó Criador, Tu pertences a todos. Se um poderoso subjuga o outro igualmente forte, não há razão para a ira; se, porém, o leão

---

[4] A Índia experimentou a invasão iraniana de origem muçulmana pelo Rei Babar no ano 1526, o qual assumiu o trono de Nova Deli. Essa dinastia era chamada de *Mogol*, e o rei Akbar, o terceiro na linhagem, foi mais compreensivo e tolerante em relação a outras crenças.

sanguinário ataca seu rebanho, o pastor deve reagir" (Nanak, citado por Pereira, 1997, p. 335, tradução nossa). Em seguida, o movimento religioso e pacífico transformou-se, também em razão dos conflitos com os muçulmanos, em um grupo armado e militante. Em 1699, o sikhismo introduziu em sua doutrina o batismo de iniciação, durante o qual o neófito é borrifado com uma espécie de ambrósia (água na qual é dissolvido açúcar, com um punhal) e recebe o título de *singh*, (leão), no caso dos homens, e *kaur* (princesa), no caso das mulheres.

Segundo tradição sikh, um de seus gurus, chamado Govind Singh, em razão das próprias experiências de perseguição sofridas nas mãos de reis muçulmanos, declarou que, quando os meios de paz falhassem, seria permitido o uso da espada. Assim, em uma festa em Amandpur, o guru solicitou que todos os sikhs estivessem presentes segurando uma espada na mão. Quando ele afirmou que tal espada exigia uma cabeça de um sikh verdadeiro, todos os convocados sentiram muito medo. Então, o guru fez mais uma vez o mesmo apelo. Um dos sikhs de casta inferior ergueu-se e exclamou: "A minha cabeça em suas ordens, ó senhor". O guru Govind Singh desapareceu com o voluntário para uma tenda e, ao voltar, a espada pingava sangue. O guru repetiu o pedido até totalizar cinco pessoas. Pela demonstração de coragem, os voluntários, que estavam vivos, foram conduzidos triunfalmente da tenda para a assembleia, receberam o título de *Singh* e levaram consigo os cinco sinais, que, posteriormente, tornaram-se os sinais de cada sikh (Bowker, 1997).

Desse modo, as **cinco observações**, ou sinais, dos sikhs foram introduzidas pelo guru Govind Singh pela iniciação do batismo, chamada *khalsa* – ou uso de **cinco K** como uma indicação da devoção do indivíduo à comunidade sikh. Essas cinco observações estão intimamente vinculadas aos ritos de iniciação existentes na região de Punjab e nos quais se encontra a profissão de fé de um sikh.

Mais tarde, as cinco observações foram incorporadas como símbolos ou lembretes a fim de que as atitudes dos gurus fossem um modelo para as ações de cada adepto dessa tradição religiosa; além disso, elas são símbolo da igualdade entre todos os sikhs. As cinco observações, conforme aponta Uberoi (1992) são as seguintes:

1. **Kesha (cabelos)** – São o símbolo da aceitação da vontade de Deus; por isso, conforme a tradição sikh, os cabelos e os pelos do corpo não devem ser cortados.
2. **Kanga (pente)** – É o símbolo do cuidado pessoal de limpeza e serve para segurar os cabelos.
3. **Kara (bracelete de aço)** – É o símbolo da obediência divina e, ao mesmo tempo, da responsabilidade de um sikh para com a comunidade.
4. **Kirpan (punhal ou espada)** – É o símbolo de resistência contra qualquer mal, utilizado principalmente para que o sikh possa se defender de eventuais ataques de muçulmanos.
5. **Kacha (calças curtas ou certo tipo de cueca)** – É símbolo da castidade e, ao mesmo tempo, é usada para manter a agilidade e a movimentação do sikh durante a luta. A *kacha* carrega múltiplos significados, principalmente quanto ao compromisso dos homens com a procriação.

Os primeiros dois símbolos (*kesha* e *kanga*, ou cabelos e pente) estão intimamente vinculados, uma vez que o pente serve para segurar os cabelos ordenados. Além disso, todos os sikhs homens utilizam um turbante para esconder tanto um quanto o outro. Esses dois símbolos representam a ordem e a unidade, pois um evoca o significado do outro, e a associação mútua explica o significado dos cabelos compridos (ao contrário dos sanyasis, do hinduísmo, que, em geral, passam pela iniciação com a raspagem da cabeça).

O bracelete e o punhal (*kara* e *kirpan*) formam outro conjunto, pois nenhum desses símbolos pode ser compreendido isoladamente. O bracelete tem relação com a espada do mesmo modo que o pente tem relação com os cabelos. Na ordem ascética da época medieval, era comum que os monges do Oriente vestissem um pequeno bracelete em cima do pênis; também era habitual que a espada fosse entregue, por meio de um ritual, aos cidadãos de honra, e não somente aos soldados de vocação.

De acordo com Pereira (1997, p. 335, tradução nossa), "o ideal da Khalsa era formar um santo-soldado. Por um lado, profundamente apegado à religião de paz e à devoção de Adi Granth; por outro, sempre disposto a lutar como leão contra agressores – especialmente contra mogóis." Desse modo, os cinco K criavam fraternidade entre os sikhs com base no cumprimento de obrigações estabelecidas.

5.7 Os 10 gurus do sikhismo

O guru é um dos elementos mais importantes da tradição sikh, pois é ele quem conduz a comunidade para a direção adequada, transmite a sabedoria e está pronto para defender a doutrina. De modo geral, *guru* é aquele que tem sabedoria e conhecimento para tornar-se um guia espiritual. Quando os indivíduos têm uma experiência espiritual e conseguem articulá-la, são considerados gurus ou mestres espirituais. Contudo, no sikhismo, os gurus recebem outra conotação, pois, além de serem os guias, eles também são os líderes da comunidade.

O sikhismo aceita 10 gurus principais, que lideraram de forma diferenciada no campo tanto religioso quanto militar. O primeiro deles, Guru Nanak, insistia, em razão do contexto histórico da época e da região, que "o verdadeiro guia é aquele que come o que planta pelo trabalho honesto e dá daquilo que tem ao necessitado – somente ele conhece o verdadeiro caminho da vida" (Bowker, 1997, p. 80).

A seguir, listamos os principais fatos relacionados aos 10 gurus do sikhismo, conforme Bowker (1997):

1. **Guru Nanak (1469-1539)** – Venerado como guru, Nanak é o primeiro dos apóstolos dos sikhs. Depois de uma experiência mística, começou a pregar seus ensinamentos, que afirmam a força e a unicidade de Deus e a recusa do universo múltiplo das divindades hinduístas e da prática do sistema de castas. Nanak, entretanto, conservou alguns rituais do hinduísmo e também a crença no carma e no *samsara*. Ele também atribuiu grande importância tanto à generosidade para com os irmãos da tradição quanto à conduta correta, que foram extraídos da tradição hinduísta, como complementos da vida mística.
2. **Guru Angad (1504-1552)** – Foi sobrinho e discípulo do primeiro guru sikh, Nanak, tendo sido escolhido pelo tio como sucessor. Era comprometido e fiel à doutrina, fato que determinou a fidelidade e a devoção de Angad ao mestre Nanak, mais do que propriamente o parentesco entre eles. Compôs a obra *Gurmukhi*, que mais tarde foi incorporada ao *Guru Granth Sahib*.
3. **Guru Amar Das (1479-1574)** – A contribuição do Guru Amar Das para o sikhismo está relacionada à organização das festas anuais da tradição. Além disso, ele estabeleceu o primeiro local para peregrinação e introduziu rituais de passagem do da religião.
4. **Guru Ram Das (1534-1581)** – Fundou a cidade de Amritsar e escavou o lago sagrado que circunda o Templo Dourado, um dos símbolos mais importante dos sikhs.
5. **Guru Arjun (1563-1606)** – Filho de Ram Das, compilou o Guru Granth Sahib, o livro sagrado dos sikhs. Também reservou um lugar do Templo Dourado (a parte central, onde se encontra a cor

dourada) para abrigar o livro sagrado. Além disso, organizou os sikhs como militares e, em consequência disso, foi impelido a converter-se ao islamismo; quando se recusou, foi torturado pelo rei Jehangir Khan. A semente do desenvolvimento da militância do sikhismo encontra-se nessa atitude de Arjan, que mais tarde se tornou uma inspiração nos momentos de perseguição.

6. **Guru Har Govind (1592-1644)** – Deu continuidade ao aspecto militar dos sikhs, gerando conflito na região de Punjab. Foi perseguido pelo rei Shah Jahan.
7. **Guru Ram Rai (1630-1661)** – Também entrou em conflito com o imperador mogol Aurangazeb, pois este acreditava que um trecho da sagrada escritura o ofendia. O soberano pediu que o texto fosse modificado pelo guru, que lhe negou o pedido. O filho do guru Ram Rai aceitou a proposta do imperador após o assassinato do pai e, por isso, nunca se tornou um guru.
8. **Guru Har Krisan (1656-1664)** – Tornou-se guru aos 5 anos de idade, pois seu irmão mais velho foi rejeitado por ter aceitado modificar as sagradas escrituras. As últimas palavras desse guru foram "baba bakala", o que indicava que o futuro guru deveria surgir de uma aldeia chamada *Bakala*.
9. **Guru Teg Bahadur (621-1675)** – Foi escolhido por Har Krisan, mas parte dos sikhs se opuseram à sua escolha e não deixaram que ele entrasse no Templo Dourado em Amritsar. Por esse motivo, Teg Bahadur fundou outra cidade chamada Anandpur. Foi decapitado pelo imperador por ter apoiado um grupo de hindus da Caxemira que resistiram à conversão ao islamismo.
10. **Guru Govind Singh (1666-1708)** – Depois de Nanak, Govind Singh é o mais importante entre todos os gurus, por ter combinado santidade e heroísmo ao ser perseguido pelos reis da época. Fundou a *khalsa* ou as cinco observações. Govind Singh declarou que a linhagem dos gurus chegara ao fim, pois, depois

dele, somente o livro **Guru Granth Sahib** foi declarado como guru perpétuo. Desde então, a sagrada escritura sikh tem um papel muito importante no desenvolvimento dessa tradição.

O **conceito de guru** se tornou algo central para a fé sikh, pois foi aplicado a Deus, aos mestres e também às escrituras e à comunidade. A ideia de *guru* foi tirada da prática hinduísta, na qual qualquer pessoa que tenha adquirido domínio sobre os ensinamentos religiosos pode tornar-se um guia. Entretanto, no sikhismo, em razão das experiências de perseguição, a compreensão do termo *guru* tomou rumos diferentes, pois elementos importantes dos sikhs receberam tal título, por exemplo, o local do culto veio a ser chamado *Gurudwara*; a sagrada escritura recebeu o nome de *Guru Granth Sahib*. Conforme disse o próprio Nanak (citado por Bowker, 1997, p. 80): "o Guru[5] é minha nau para cruzar o lago do pecado e o oceano do mundo. O Guru é meu lugar de peregrinação e riacho sagrado".

Depois de trilhar o caminho para conhecer o sikhismo, notamos que essa tradição religiosa recebeu forte influência de duas vertentes no desenvolvimento de sua doutrina: o islamismo e o hinduísmo. O primeiro forneceu as pistas para que a sikhismo mantivesse o foco no monoteísmo, e o segundo apresentou o espaço para a irmandade, dando destaque aos gurus.

A tradição sikh dá importância à reverência e à adoração à sagrada escritura e, ao mesmo tempo, à devoção aos hinos em momentos importantes de vida. Essa religião encontra-se hoje dentro da Índia com suas especificidades, especialmente divulgando valores como ajuda comunitária aos pobres, crença na unicidade de Deus e respeito à sagrada escritura do sikhismo. Esses valores devem ser vistos como uma contribuição dos sikhs para a humanidade.

---

5   Para saber mais sobre os 10 gurus do sikhismo, consulte Bowker (1997) e Pereira (1997).

Síntese

Neste capítulo, analisamos as características do sikhismo, uma religião resultante da fusão dos universos religiosos hindu e islâmico e que foi fundada após uma experiência mística do Guru Nanak (1469-1539), que viveu no norte da Índia, especificamente no estado de Punjab.

Na língua punjabi, o termo *sikh* significa "aprendiz". No sentido religioso, *sikh* é alguém que acredita em um Deus e segue os gurus que revelam os ensinamentos da tradição religiosa. Nesse sentido, os adeptos do sikhismo, em sua maioria, concentram-se no norte da Índia, ainda que haja a presença deles em todo o território daquele país e, inclusive, em nações estrangeiras.

Também destacamos que o conceito fundamental e central do sikhismo é a crença na existência de um único Deus. Essa religião apresenta profunda reverência à sagrada escritura sikh e aos mestres chamados de *gurus*. Além disso, a doutrina sikh desenvolveu toda a sua tradição ritualística ao redor do Templo Dourado, com as cinco obrigações. Os adeptos dessa religião, pouco conhecida no mundo ocidental, praticam valores de fidelidade e de caridade.

Indicações culturais

ROMANO, G. **Templo Dourado (Sri Harmandir Sahib)**. 16 jan. 2018. Disponível em: <https://www.youtube.com/watch?v=B00YbOuvM3g>. Acesso em: 26 nov. 2019.

Nesse vídeo, há informações sobre o Templo Dourado. Todas as tradições religiosas desenvolveram algumas atividades, tanto espirituais quanto sociais, ao redor do espaço sagrado, que pode ser em forma de templo ou de igreja, entre outros. Pouco sabemos sobre o sikhismo no Brasil, portanto, não é tarefa fácil localizar adeptos dessa religião, tampouco algum de seus símbolos ou templos.

Atividades de autoavaliação

1. No sikhismo, há várias figuras muito importantes que são chamadas de *gurus*. Entre todos os gurus, quem é considerado o fundador do sikhismo?
   a) Guru Ram Das e Guru Govind Singh.
   b) O sikhismo não tem um fundador definido, pois nasceu entre os muçulmanos.
   c) Os 10 gurus principais fundaram o sikhismo após se encontrarem em uma reunião.
   d) Guru Nanak.
   e) Guru Govind Singh.

2. Durante a fundação do sikhismo, havia muitas religiões e culturas na Índia. Por um lado, os muçulmanos dominavam politicamente a região; por outro, os hindus tinham o domínio sobre os aspectos religiosos. Identifique os contextos que levaram à fundação do sikhismo:
   a) Na época do nascimento do sikhismo, havia miséria e pobreza na região da Índia.
   b) O sikhismo nasceu como uma reação contra a intolerância islâmica, a complexa realidade das divindades hinduístas e o sistema social de castas, além de propagar direitos iguais para homens e mulheres.
   c) O sikhismo nasceu simplesmente para se posicionar contra a intolerância islâmica, apoiando todos os tipos de rituais do hinduísmo.
   d) O conteúdo religioso da compaixão do islamismo levou o Guru Nanak a fundar o sikhismo.
   e) O conteúdo religioso dos arianos e mongóis deu origem ao sikhismo.

3. Analise as afirmativas a seguir e identifique aquelas que apresentam as descrições corretas sobre o texto sagrado do sikhismo.

I. O livro sagrado do sikhismo é conhecido como *Adi Granth* ou *Livro Original*.
II. O livro sagrado do sikhismo também é conhecido como *Templo Dourado*.
III. Guru Granth S*ahib* é o livro sagrado do sikhismo, também conhecido como *Harimandir Sahib*.
IV. Adi Granth, o livro sagrado do sikhismo, também é conhecido como *Guru Granth Sahib*.
V. O livro sagrado do sikhismo é chamado de *Alcorão*.

Agora, assinale a alternativa que apresenta somente os itens corretor:

A] I e II.
B] I e III.
C] II e III.
D] I e IV.
E] Apenas a afirmativa II.

4. O sikhismo teve 10 gurus considerados como os mais importantes dessa religião. Qual deles introduziu as cinco observações no sikhismo e qual é o significado dessas observações?

   A] Os dez gurus em conjunto introduziram as cinco observações, e o significado delas é que os sikhs deveriam lutar contra toda a injustiça existente na região em que viviam.
   B] As cinco observações, ou *khalsa* ou uso de cinco K, foram introduzidas no sikhismo pelo Guru Govind Singh e significam a devoção à comunidade sikh.
   C] O Guru Nanak introduziu as cinco observações no sikhismo, e elas significam a possibilidade de crescimento espiritual de cada adepto dessa tradição.
   D] O sikhismo não acredita em quaisquer observações; ele acredita simplesmente na fidelidade de um adepto para com um único Deus, chamado *Nam*.
   E] Nenhum guru do sikhismo determinou cinco obrigações.

5. Analise as afirmativas a seguir e indique V para as verdadeiras e F para as falsas.
   [ ] O sikhismo fundamenta-se em 10 gurus; o primeiro foi o Guru Nanak, e o último, o Guru Govind Singh.
   [ ] O sikhismo fundamenta-se em 12 gurus, os quais, como os discípulos de Jesus, pregaram a doutrina do Guru Nanak.
   [ ] O sikhismo fundamenta-se em 10 gurus; o primeiro foi o Guru Ram Das, e o último, o Guru Nanak.
   [ ] O sikhismo fundamenta-se em 12 gurus; o primeiro foi o Guru Ram Das, e o último, o Guru Nanak.
   [ ] O sikhismo fundamenta-se em 10 gurus; o primeiro foi o Guru Nanak, e o último, o Guru Harbajan Singh.

   Agora, assinale a alternativa que apresenta sequência correta:
   A] V, F, F, F, F.
   B] F, F, F, F, V.
   C] V, V, V, V, V.
   D] F, V, F, F, V.
   E] F, F, F, V, V.

Atividades de aprendizagem

Questões para reflexão
1. Após ter conhecido os 10 principais gurus do sikhismo, indique três deles que, em sua opinião, mais contribuíram para essa tradição religiosa. Explique os motivos de sua escolha.
2. Pesquise sobre o Templo Dourado e aponte as impressões que esse monumento do sikhismo causou em você. Que fatos você achou mais interessantes em sua pesquisa?

Atividades aplicadas: prática

1. Elabore um pequeno texto sobre as cinco observações dos sikhs: *kesha* (cabelos), *kanga* (pente), *kara* (bracelete de aço), *kirpan* (punhal ou espada) e *kacha* (calças curtas ou certo tipo de cueca). Relacione essas cinco observações com alguns ritos de passagem da tradição religiosa da qual você (ou sua família) é adepto.
2. Nas tradições indianas, os gurus são líderes e guias espirituais. Procure os líderes de sua tradição religiosa e os entreviste, procurando identificar o tipo de trabalho que eles desenvolvem. Em seguida, elabore um quadro comparativo entre os líderes de sua religião e os gurus do sikhismo, apontando as diferenças e as semelhanças.

6
TRADIÇÕES TRIBAIS E RELIGIÕES ESTRANGEIRAS

Considerada o *caldeirão das religiões*, a Índia apresenta uma notável presença de tradições religiosas estrangeiras, que, ao longo dos séculos, entraram na região, assim como também se destacam as tradições tribais, que eram anteriores ao hinduísmo e ao budismo. Alguns indólogos defendem que as tradições tribais deram embasamento religioso ao hinduísmo, para que este desenvolvesse um rico repertório ritualístico e um conteúdo bem elaborado.

As religiões estrangeiras conseguiram encontrar espaço no subcontinente indiano desde tempos remotos: há indícios da presença de judeus já no período do Rei Salomão; a tradição cristã foi levada à região por São Tomé, discípulo de Jesus, e, mais tarde, pelos cristãos sírios; durante o período das navegações de portugueses e espanhóis, o cristianismo também foi levado à região pelos portugueses e, posteriormente, por missionários europeus. Entre todas as tradições de origem estrangeira, o islamismo tem sua presença na região em escala maior, uma vez que os reis muçulmanos governaram a Índia por muitos séculos; portanto, na atualidade, os adeptos dessa tradição são representados por aproximadamente 15% da população indiana (Wilfred, 2002). Além disso, em menor escala, adeptos da religião parse também podem ser encontrados no subcontinente indiano. Neste capítulo, mapearemos sucintamente a presença dessas tradições religiosas na Índia.

6.1 Religiões tribais indianas[1]

Existem centenas de tribos na Índia, entre as quais muitas se converteram às grandes tradições religiosas, como o islamismo e o cristianismo. Contudo, ainda há um bom número de tribos que seguem os próprios cultos animistas e cultos de outra natureza. Apesar de haver conceitos religiosos, terminologias e práticas muito variadas entre esses grupos, todos têm algo em comum: estão sob pressão constante das grandes religiões organizadas, as quais, muitas vezes, têm em vista a conversão dos fiéis de crenças tribais.

Todavia, algumas tribos que permaneceram isoladas em regiões remotas conseguiram preservar crenças e práticas sem receber influência de religiões estrangeiras, ao passo que tribos localizadas nas regiões planas tiveram dificuldades em preservar as próprias tradições. Além disso, na atualidade, muitos integrantes de tribos estão deixando as profissões tradicionais, como a de coletadores de frutas ou de caçadores, para trabalhar com agricultura ou em funções de baixa remuneração.

Apresentaremos, nas subseções a seguir, algumas tribos importantes na atualidade que conseguiram preservar suas tradições primitivas e que são mais estudadas pelos antropólogos e pelos cientistas da religião. Essas tribos encontram-se em regiões diferentes: por exemplo, a tribo Santal vive na região nordeste da Índia, na região da grande cidade de Kolkota; as tribos Gond e Bhil localizam-se na parte central da Índia. Também existe uma tribo no sul do país, a Todar, e na região da fronteira com Myanmar encontra-se a tribo Abor, que tem influência das etnias tibetanas.

---

1 Os dados indicados nesta seção foram extraídos de Hays (2019) e de National Archives of India (2019).

6.1.1 Tribo Santal – nordeste da Índia

A tribo Santal é uma das mais estudadas em razão de sua complexa religiosidade e de sua prática de bruxaria. Estima-se que a tribo tem, na atualidade, uma população de 5 milhões de pessoas. O grupo vive predominantemente no nordeste da Índia e apresenta crenças e práticas animistas que envolvem ídolos e uma variedade de seres bons e maus. A Santal acredita em um panteão de espíritos conhecidos como *bongas*, muitos dos quais estão ligados a determinados clãs. As doenças de naturezas diferentes e a má sorte são frequentemente atribuídas à feitiçaria. Denúncias dessa prática são bastante comuns, e era costume que as pessoas acusadas de bruxaria, muitas vezes, fossem mortas, mas, na atualidade, elas são forçadas a uma provação decidida por um conselho de vila. Existe também a prática de curandeirismo, na qual o curandeiro frequentemente usa o próprio sangue em cerimônias de cura.

De acordo com a religião Santal, a divindade suprema, que controla todo o Universo, é **Thakurji**. O peso da opinião, no entanto, é responsabilidade de um tribunal de espíritos (bongas), que lida com diferentes aspectos do mundo e que deve ser aplacado com ofertas e orações para afastar as más influências. Esses espíritos operam na vila, casa ancestral e também na tribo, junto a espíritos do mal que causam doenças e podem habitar nos limites da aldeia, nas montanhas, na água, na floresta e, inclusive, nos animais, entre os quais o mais importante é o tigre.

Outra característica é a existência de um **bosque sagrado** localizado na borda do assentamento onde está a aldeia Santal, no qual, segundo essa comunidade, muitos espíritos vivem, para os quais é realizada uma série de festivais anuais. O principal espírito, chamado *Maran Buru*, que significa "grande montanha", normalmente é invocado primeiro nas celebrações, e ofertas lhe são feitas por ele ter instruído a comunidade Santal na fermentação de cerveja e de arroz.

A tribo tem muitos **rituais** relacionados com o ciclo agrícola e também com o ciclo da vida, como rituais de nascimento, de casamento e de enterro na morte. Os ritos envolvem pedidos aos espíritos, e as ofertas incluem o sacrifício de animais, geralmente pássaros. Os líderes religiosos são homens especialistas em cuidados médicos e que praticam adivinhação e feitiçaria.

Quando alguém morre, o falecido é enterrado, entretanto, não há caixão. O morto é embrulhado em um pano e colocado diretamente na terra para possibilitar que ocorra uma rápida decomposição. Após certo período, alguns dos ossos são recolhidos e mantidos por um tempo sob o teto da casa dos familiares e são regularmente levados para serem "alimentados" ritualmente com leite, cerveja de arroz e água sagrada, além de receberem flores. Um ano depois da morte, os ossos são imersos em água e, normalmente, um bode é sacrificado para garantir que o espírito proceda por três gerações após a morte e se torne um benevolente bonga. Há indícios de que, na atualidade, em razão da influência da globalização, a nova geração da tribo Santal vem abandonando esses costumes ritualísticos.

6.1.2 Tribo Gond – Índia central

A tribo Gond vive principalmente na parte central da Índia, e suas divindades incluem a terra-mãe, as divindades da aldeia, os deuses da montanha, os espíritos ancestrais e os espíritos associados a cada elemento da região – colina, lago, árvores, rocha ou rio. As divindades dessa tribo não são arranjadas em uma ordem hierárquica, e algumas delas foram importadas posteriormente da tradição hindu, como Bhagavan e Yama. A deusa da terra é responsável por promover fertilidade e boas colheitas e proteger a tribo de deuses maus, os quais os Gonds acreditam que são responsáveis por doenças.

Há poucos rituais da tribo Gond, embora os deuses frequentemente sejam consultados para conselhos. As cerimônias mais importantes são os sacrifícios de vacas, cabras e ovelhas que são realizados duas vezes por ano nos tempos de colheita. Objetos religiosos incluem pontas de lança de ferro, batedeiras e outros utensílios utilizados cotidianamente para a sobrevivência.

Durante os festivais, sacerdotes vestem-se com penas de pavão e máscaras para interpretar dramas sobre figuras míticas e, em seguida, entram em transe, atuando como oráculos e médiuns, para que os deuses possam comunicar-se diretamente com a comunidade. Os gonds acreditam que são mantidos vivos por uma substância chamada *jiv*, que podemos traduzir como "vida", que, quando removida após a morte, muda a personalidade da pessoa. Os mortos vivem em sua própria esfera pessoal com divindades do clã.

6.1.3 Tribo Bhil – Índia central

A tribo Bhil, estabelecida na Índia central, foi muito procurada por missionários no século XX. O conteúdo religioso dessa tribo mescla animismo e hinduísmo, e muitos de seus integrantes são muçulmanos e cristãos.

Tradicionalmente, os membros dessa tribo acreditavam em um panteão de divindades que, com o tempo, foi absorvido por deuses hindus. As divindades locais importantes incluem Wagh Deo, o deus do tigre, Nandervo, o deus da agricultura, e Chagwam, a divindade suprema. Os indivíduos desse grupo acreditam na **vida após a morte**, em que o espírito do morto reúne-se com membros da família, de tal forma que ele não cause mal algum para aqueles que se encontram na Terra. Uma grande parte da tribo foi convertida à tradição dos muçulmanos durante o domínio islâmico, mas há um pequeno grupo de convertidos à tradição cristã, resultado dos esforços de missionários.

Os mortos da tribo Bhil eram tradicionalmente enterrados, contudo, em razão da influência hindu, muitos passaram a ser cremados. As pessoas que tiveram uma morte trágica podem tornar-se espíritos malévolos que causam grandes danos, e aquelas que morrem naturalmente viram bons espíritos. Existem sacerdotes que, após passarem por um longo treinamento, agem como médiuns, adivinhadores e curandeiros. Além disso, em geral, para assuntos importantes, são consultados feiticeiros, pois estes têm o poder de batalha contra qualquer tipo de mal promovido pela bruxaria.

6.1.4 Tribo Todar – sul da Índia

A tribo Todar, conhecida como *Todar de Nilgiri*[2], tem como tradição a crença em **dois mundos**: o dos vivos e o dos mortos. Os integrantes da tribo não creem no inferno, mas acreditam que somente aqueles que viveram uma vida virtuosa têm menos problemas para alcançar o mundo dos mortos.

O panteão de divindades e espíritos da tribo inclui deuses das montanhas que residem nas colinas de Nilgiri. Entre eles, o mais importante é Tokisy, governante do mundo dos vivos e também aquele que teria criado a tribo e o seu símbolo, o búfalo. A terra dos mortos, vigiada pelo irmão de Tokisy, é semelhante ao mundo dos vivos, exceto por apresentar mais dificuldades e sofrimento. Tardiamente, a tribo também desenvolveu um culto para a vaca, por causa da importância do leite. Os moradores da tribo acreditam

---

2 Nilgiri é uma região montanhosa no sul da Índia, famosa por suas casas de verão, onde as pessoas costumam passar férias. O local é conhecido pelo cultivo do chá indiano. A tribo Todar vive nas colinas das montanhas da região, por isso é chamada *Todar de Nilgiri* (National Archives of India, 2019).

que deuses e espíritos residem dentro dos rebanhos de búfalos que proporcionam o leite e a manteiga à comunidade.

A tribo Todar divide os rebanhos em gado secular e vacas sagradas[3], e cada tarefa relacionada a estas, como o pastoreio, a ordenha, a confecção de manteiga clarificada, o acasalamento e o fornecimento de sal aos animais, tem significado religioso e há rituais especiais para cada uma. As vacas e seus cuidadores são classificados em hierarquias. O lugar de ordenha é considerado um templo, que, para demonstrar importância, deve ser construído com pelo menos 1 metro de altura a mais do que outras construções. No templo, que é muito bem cuidado pela tribo e protegido pelo deus Tokisy, são penduradas imagens de corpos celestes, de cobras e de cabeças de búfalos.

6.1.5 Tribo Abor – extremo nordeste da Índia

A tribo Abor, localizada no extremo nordeste da Índia, na fronteira com Myanmar e China, é tradicionalmente **animista**, e seus membros praticam o sacrifício de animais e acreditam em um panteão de espíritos, benevolentes ou maléficos. A região montanhosa apresenta vasta vegetação e numerosos rios, portanto, a comunidade da tribo Abor considera os rios como deuses. Assim, seus integrantes temem os rios principais da região, Nippongs (sinônimo de "espíritos das águas" associado com as mulheres que morreram durante a gravidez), Epom (considerado o pai de maus espíritos) e outros rios (associados com as almas de pessoas que morreram de forma não natural ou que não foram enterradas conforme os costumes ritualísticos). Entre os espíritos considerados bons por essa tribo, está Benji Bama, o controlador do destino humano.

---

3 Para essa tribo, a expressão *vacas sagradas* refere-se ao rebanho de búfalas, pois, na Índia, o leite das búfalas é muito consumido, assim como o das vacas.

Nessa tribo, há dois tipos sacerdotes: os adivinhos (*epak miri*) e os curandeiros (*nyibo*). Mediante encantamentos e discernimento espiritual, os sacerdotes conseguem determinar quais espíritos estão causando determinada doença ou algum problema – os tratamentos envolvem ervas medicinais e uso de sinais, além de danças especiais para apaziguar e exorcizar os espíritos.

Os grandes eventos dessa tribo são a caça anual e as colheitas de arroz. A maioria das cerimônias, que são acompanhadas de música, dança e narração de histórias, está associada a eventos do ciclo da vida, como iniciação dos integrantes. A tribo Abor preserva os mitos tribais e tem uma rica literatura oral de lendas, contos populares, baladas e narrações políticas. Além disso, essa comunidade acredita na vida após a morte e que os mortos vivem em um mundo que não é muito diferente daquele dos vivos. Nos funerais, os mortos recebem objetos, comida e bebida para utilizar na vida futura.

Existem outras tribos na Índia, mas nossa intenção é apresentar sucintamente o universo religioso das principais tradições tribais que ainda conseguiram preservar suas cosmovisões originais. Entretanto, essas tribos também estão a caminho de perder seu modo particular de perceber o mundo diante do foco de industrialização, sem muitos critérios, que atualmente ocorre na Índia.

6.2 Religiões estrangeiras

Depois de tratarmos das religiões tribais, é fundamental também analisar algumas religiões que vieram de fora do subcontinente indiano em tempos diferentes, mas que ali encontraram espaço e ainda sobrevivem. Entre elas, podemos detectar quatro tradições: (1) cristianismo; (2) judaísmo; (3) zoroastrismo; e (4) islamismo.

6.2.1 O cristianismo na Índia

A entrada do cristianismo no subcontinente indiano aconteceu em três etapas distintas. A primeira ocorreu com São Tomé, o discípulo de Jesus que espalhou o cristianismo na Índia já no século primeiro, logo após a morte e a ressurreição do mestre do cristianismo. A segunda etapa aconteceu nos tempos dos descobrimentos, quando os portugueses encontraram o caminho para a Índia via mar e, com ele, os missionários chegaram à costa ocidental desse subcontinente. Por fim, o terceiro momento sucedeu nos séculos XVII e XVIII, quando a Índia, que estava sob domínio dos ingleses, permitiu que os missionários europeus levassem a boa nova aos indianos (Andrade, 2007).

Atualmente, o número dos cristãos na Índia chega em torno de 40 milhões, dos quais a maior parte é católica. A grande maioria dos cristãos do país está concentrada principalmente na região litorânea na parte ocidental do sul indiano. Essa região carrega dois nomes: (1) *região do Konkan*, que se estende da atual cidade de Mumbai até a cidade de Mangalore; e (2) *região do Malabar*, que compreende todo o estado de Kerala[4]. Como observamos que uma boa parte dos ocidentais não tem noção da existência e da história do cristianismo na Índia, a seguir, apresentaremos brevemente as três etapas de entrada dessa tradição em território indiano (Andrade, 2007).

Antes de tratarmos da evangelização de São Tomé, destacamos o contexto de comércio que já existia há algum tempo. Há indícios de que as relações comerciais entre Índia e Israel remontam ao tempo do Rei Salomão, em razão do comércio de especiarias. Um pequeno grupo de judeus, principalmente depois da destruição

---

[4] Essas regiões se distinguem pelo fator linguístico. Na região de Konkan, que se estende em torno de 1.000 quilômetros e foi dominada pelos portugueses, fala-se a língua konkani. Na região malabar, por sua vez, que ficou conhecida pelas especiarias indianas nos tempos de descobrimentos, fala-se malayalam (Moffett, 1998).

do templo judeu pelos romanos, refugiou-se na região de Kerala, onde manteve suas práticas religiosas e, inclusive, construiu uma sinagoga, em Cochin (no sul da Índia)[5]. Mais tarde, os romanos estabeleceram atividades comerciais com a Índia, e essas relações promoveram o vaivém de missionários, principalmente do apóstolo São Tomé, nos primeiros tempos do cristianismo.

Primeira etapa: o cristianismo de São Tomé

A entrada do cristianismo na Índia deve ser considerada no contexto da difusão dessa religião ainda no primeiro século. A evangelização acompanhou as rotas comerciais da época, apresentando múltiplas direções, como aponta Andrade (2017, p. 81):

> Podemos detectar que a tradição cristã desde seu nascimento escolheu quatro rumos em seu processo de difusão ou na evangelização. O primeiro foi rumo à Roma, o caminho escolhido pelos apóstolos Pedro e Paulo; o segundo caminho foi escolhido pela maioria dos apóstolos, rumo à Ásia Menor e posteriormente ao leste europeu e Rússia; o terceiro foi em direção ao norte da África, o mundo mediterrâneo chegando até Marrocos e mais tarde ocupando Portugal e Espanha; por fim, o caminho do extremo Oriente escolhido por São Tomé e Bartolomeu.

O caminho do Extremo Oriente também era conhecido como a *rota das especiarias* em razão do comércio desses produtos asiáticos, especialmente da Índia. As especiarias passavam por vários intermediários antes de serem revendidas na Europa medieval. Uma das mais antigas e preservadas tradições na história da Igreja Católica é que São Tomé parece ter levado a boa nova para a região sul indiana, logo após a experiência do Pentecostes. A entrada do

---

5   Israel foi invadido pelo Rei Nabucodonosor, governante da Babilônia, em 586 a.C., que destruiu o templo símbolo da identidade judaica e levou a classe nobre dos judeus como escravos. A segunda diáspora israelita aconteceu quando o segundo templo foi destruído pelos romanos no ano de 70 d.C. Nessa ocasião, os judeus se espalharam por toda a região da Ásia Menor e um pequeno grupo migrou para a Índia (Andrade, 2003).

apóstolo Tomé é reconhecida pelos próprios indianos, no discurso do presidente da Índia, Rajendra Prasad (1952-1962), citado por Moffett (1998, p. 24, tradução nossa):

> Lembrem-se, São Tomé chegou à Índia quando muitos dos países da Europa ainda não haviam se tornado cristãos, e assim aqueles indianos que estão traçando o seu cristianismo têm uma história mais longa e uma ancestralidade maior do que a dos cristãos de muitos países europeus. E realmente é uma questão de orgulho para nós que assim aconteceu.

Ao contrário dos outros apóstolos, Tomé não era pescador, mas escultor, e teria sido contratado pelo Rei Gundaphar, de Taxila (o atual Afeganistão), junto a outros artesãos da Judeia para participar da ornamentação de um palácio. Durante as obras, o rei teria tido um sonho que o levou a suspender os trabalhos e enviar todos os artesãos de volta a Israel. Em vez de retornar à Palestina, Tomé dirigiu-se para o sul da Índia, fazendo a evangelização. Segundo os Atos de Tomé, "Milhares foram convertidos – 6.850 da casta dos brâmanes, 2.590 da casta guerreira e 3.780 da casta dos agricultores, sem mencionar 2 reis e 7 chefes de aldeia, e estes últimos foram ordenados por São Tomé como bispos e líderes da Igreja" (Moffett, 1998, p. 34, tradução nossa).

Muitos historiadores colocam em dúvida a visita de Tomé à Índia, embora todos confirmem a existência de uma comunidade cristã nessa região desde o século III. Moffett atribui a presença dos cristãos nessa região à atividade catequética na Síria. O autor aponta os seguintes indícios:

> Uma das tradições mais antigas e mais fortes na história da Igreja é que Tomé Apóstolo levou o Evangelho à Índia não muito tempo depois da ressurreição e da ascensão de Jesus Cristo. Ela aponta aos tempos remotos, por volta do ano 200, quando um cristão em Edessa, na grande curva do Rio Eufrates entre a Ásia Romana e

a Pérsia, escreveu um animado relato de como o Apóstolo tinha sido enviado de Jerusalém para a Índia protestando amargamente, um missionário sem vontade, mas que pregou destemidamente perante os reis e fundou a Igreja indiana. (Moffett, 1998, p. 25, tradução nossa)

Há evidências extraordinárias da presença da tradição cristã no sul da Índia, já no primeiro século da era cristã, ao longo das colônias judaicas. Porém, possivelmente a Igreja foi estabelecida por volta do século II e, com certeza, no século IV, pois há fortes indícios históricos da presença da Igreja por volta de 350 d.C., como afirmam Bevans e Schroeder (2011, p. 103-104, tradução nossa): "Quando Thomas de Cana, um comerciante cristão persa, talvez descendente de origem Armênia, [país] com talvez em torno de quatrocentos cristãos, estabeleceu-se em Cranganore (atual parte ocidental no estado de Kerala no sul da Índia), foi acolhido pela comunidade cristã já existente há anos". Hoje, há em torno de 15 milhões de cristãos espalhados no estado de Kerala.

Segunda etapa: o cristianismo dos portugueses

O segundo momento de difusão do cristianismo na Índia foi marcado pela chegada e pela instalação dos portugueses na região de Konkan, parte ocidental do país e região principal de Goa. O contexto histórico da época acompanha os processos de evangelização. A tomada de Constantinopla pelos turcos em 1453 e seu impacto sobre o mercado de especiarias determinaram a procura de um caminho para as Índias. Vasco da Gama, navegador português, foi o primeiro a chegar às costas indianas, fincando a bandeira portuguesa em Calicute, em 1498. Com ele, vieram os missionários, em primeiro lugar para cuidar dos navegadores e, depois, para realizar o processo de evangelização nas colônias. Assim, destacamos que surgiu um movimento missionário para acompanhar a expansão política e econômica, promovendo a união entre a Igreja e o Estado, em benefício de ambos. Essa aliança, que mais tarde veio a ser conhecida como *padroado*, originou sucessivas e gradativas bulas do papa e foi resultado de uma longa negociação da Santa Sé com Portugal e Espanha, que eram os países ibéricos dominantes na expansão ultramarina[6] (Andrade, 2007; Padroado, 2019).

Com o pacto do padroado, diversos missionários foram à Índia, entre eles São Francisco Xavier, missionário jesuíta que evangelizou toda a região sul da costa de Konkan, principalmente Goa, que foi declarada capital da região e, mais tarde, em 1610, elevada à condição de diocese, marcando a presença dos cristãos latinos, adeptos e seguidores da Igreja romana (Andrade, 2007).

Ressaltamos, contudo, que a colonização portuguesa gerou um conflito entre os cristãos nativos, que se consideravam "de São Tomé", e os latinos, que foram convertidos durante a colonização portuguesa. A guerra entre os dois grupos, que aconteceu no século XVII, é conhecida como *Coonan Cross*. Desde então, a Igreja católica indiana foi dividida em três ramificações distintas: siro-malabárico, siro-malankara e latino.

Terceira etapa: o cristianismo dos missionários europeus

Do final do século XVII até o início do século XX, houve uma terceira investida do cristianismo, principalmente por parte da Igreja Católica, nas regiões norte e nordeste da Índia. O país encontrava-se sob o domínio inglês e, desse modo, o trabalho missionário era mais tranquilo e acessível. Nesse período, surgiu também o espírito missionário nas igrejas da Europa – diversas congregações foram fundadas dentro da Igreja Católica, muitas delas com o

---

6 "Na aliança do padroado, a Santa Sé delegava aos monarcas católicos a administração e organização da Igreja católica em seus domínios conquistados e por conquistar. Em contrapartida, o rei padroeiro, que arrecadava os dízimos eclesiásticos, deveria construir e prover as igrejas, com todo o necessário para o culto; nomear os párocos por concursos e propor nomes de bispos, sendo estes depois, formalmente confirmados pelo Papa" (Padroado, 2019).

forte objetivo de evangelizar o Extremo Oriente, acompanhando o processo de colonização. O trabalho de catequização concentrou-se nas regiões mais pobres e entre os grupos tribais, no norte e no nordeste do subcontinente indiano. Na atualidade, existem em torno de 5 milhões de adeptos desse movimento missionário (Andrade, 2007).

Observamos que o catolicismo atual na Índia tem forte influência do Concilio Vaticano II, que orientou as celebrações litúrgicas e os sacramentos dessa religião. Como observa Andrade (2007, p. 158),

> em relação às reformas que autorizaram a utilização e incorporação dos elementos da cultura local nas celebrações litúrgicas (são exemplos a introdução da lâmpada indiana nos ritos[7], a colocação de guirlandas ao redor da Bíblia, a presença dos animais – principalmente elefantes e bois – nas procissões durante as festividades e a deposição de pétalas de flores nas estátuas dos santos pedindo as bênçãos necessárias aos indivíduos ou famílias). Uma consequência dessa abertura foi o fortalecimento do diálogo entre o cristianismo e outras religiões.

Com base nesses três momentos distintos de entrada do cristianismo na Índia, podemos notar a presença da tradição cristã, ainda que em menor número, no contexto atual indiano de mais de um bilhão de habitantes. Entretanto, é interessante destacar que o cristianismo é bem visível na Índia, marcando presença com inúmeras escolas, universidades, hospitais e instituições de caridade.

---

7 A lâmpada indiana é uma peça de bronze que tem uma base circular sólida e um tronco perpendicular que sustenta uma espécie de prato, feito do mesmo metal, no qual se encontra um espaço para colocar azeite e mechas de algodão. O azeite alimenta o fogo das mechas por volta de uma hora, durante a celebração do ritual.

6.2.2 O islamismo na Índia[8]

O tratamento das religiões da Índia seria incompleto se não analisássemos o islamismo, a segunda maior religião do país em termo de adeptos, totalizando quase 200 milhões de pessoas ou 15% da população (Wilfred, 2002). Como a tradição cristã, o islamismo também se concentrou na parte ocidental no sul da Índia em razão do comércio de especiarias indianas. Conforme Andrade (2007), a tradição islâmica teve dupla vantagem: a proximidade geográfica e comercial com a Índia e a ocupação do trono de Nova Deli pelos reis muçulmanos por aproximadamente 600 anos, iniciada com a dinastia Khilji, em 1290, até o falecimento do último imperador da dinastia Mogol, Bahaddur Shah II, no ano de 1862.

Assim como ocorreu com o cristianismo, identificamos três momentos na entrada do islamismo na Índia: o primeiro ocorreu com as relações comerciais; o segundo, no período da ocupação do trono pelos reis de origem árabe e as invasões dos mongóis; e finalmente, durante a invasão dos persas e o domínio destes no trono indiano de 350 anos até a chegada dos ingleses.

PRIMEIRA ETAPA: TEMPOS DE RELAÇÕES COMERCIAIS

As relações comerciais ocorriam entre a Índia e a Arábia antes do surgimento do islamismo. A comunidade de mercadores convertida ao islamismo na Arábia Saudita chegou em torno de 630, ainda na época de Maomé, para continuar o trabalho de comércio sem a intenção de permanecer na região. Mais tarde, no final do século VII, um grupo de comerciantes árabes estabeleceu-se no subcontinente indiano e propagou a tradição islâmica pela região.

Um desses comerciantes, chamado Malik Deenar, construiu a primeira mesquita – Cheraman Jumaem Kerala –, já no ano 629. A atividade intensiva de islamização aconteceu de forma pacífica

---

[8] Os dados indicados nesta seção foram extraídos de Hays (2019) e National Archives of India (2019).

ao longo da costa indiana e muitas pessoas foram convertidas, principalmente a comunidade mappila.

Segunda etapa: tempos de invasões

Os tempos de tranquilidade se foram quando Mohammad bin Qasim, um rico comerciante árabe de apenas 17 anos de idade, com o propósito de introduzir o islamismo, entrou na Índia em 672, conquistando a região de Sindh, atualmente no Paquistão. No século X, Mohammad Ghazni, governante do Afeganistão, invadiu a Índia 17 vezes, levando todas as riquezas dos templos hindus. A incursão mais significativa ocorreu no século XII, quando Mohammad Ghor obteve grande sucesso em uma ocupação que levou à criação do Sultanato de Deli[9], tendo sido o ponto de partida para a islamização da Índia (Andrade, 2007).

No processo de islamização indiana, uma das dinastias mais importantes foi a Khilji, dos descendentes da Turquia e do Afeganistão que reinaram na Índia em torno de 200 anos. Eles conseguiram estabelecer seu poder instalando pequenos reinados em várias regiões indianas. O rei islâmico mais importante foi Allauddin Khilji, que firmou sua supremacia no sul da Índia, levando a população à conversão em massa. A proposta da tradição islâmica atraiu uma boa parte da população de classe inferior a aderir à nova tradição para sair do sistema opressivo de castas da tradição hindu (Andrade, 2007).

Terceira etapa: tempos dos reis persas – dinastia Mogol

O tempo glorioso da expansão do islamismo na Índia ocorreu na época do reinado dos mogóis. Os conquistadores mogóis, vindos da Pérsia, assumiram o poder em Nova Déli em 1526, com a

---

9 Atraídos pela riqueza indiana, alguns reis muçulmanos, como o da Mongólia, o do Afeganistão e o do Irã, invadiram sucessivamente a Índia. Porém, somente o imperador Mohammad Ghor permaneceu em Nova Deli, criando, então, o sultanato islâmico, que possibilitou a expansão sistemática da doutrina islâmica no subcontinente indiano.

conquista de Babur, estabelecendo a supremacia muçulmana na Índia. O rei mais importante dessa dinastia foi Akbar, que iniciou as conversões em massa, não à força, mas com paz e tranquilidade. Um exemplo de como esse rei não impunha o islamismo é o fato de ele ter aceitado vários ministros hindus na própria corte.

Destacamos também que a corrente mística da tradição muçulmana, o sufismo, originou-se na Índia em razão da forte influência do misticismo do hinduísmo, que foi levado pelos muçulmanos a toda região da península arábica.

Na atualidade, a presença muçulmana na Índia pode ser encontrada em todas as esferas, como a científica e a política, e há um elevado número de músicos na Índia pertencentes à tradição muçulmana, sem falar de inúmeros atores atuando na indústria de cinema indiano (Bollywood), entre outros exemplos.

6.3 Outras tradições religiosas

É importante que também abordemos outras tradições menores que fincaram seus pés no subcontinente indiano, como uma minoria de judeus e outra minoria de parses, uma tradição que vem do zoroastrismo. Eles chegaram à Índia em épocas diferentes em razão de perseguições que sofreram em suas próprias terras.

6.3.1 Judeus na Índia

A história dos judeus remonta aos tempos mais antigos, tanto que a tradição judaica é considerada a mais antiga religião a chegar às costas indianas. Essa comunidade religiosa não experimentou rejeição por parte dos nativos, assim como não tentou converter os indianos, como aconteceu nos casos do islamismo e do cristianismo (Elazar, 2019).

Alguns historiadores apontam que os judeus foram para a Índia como uma das 10 tribos perdidas de Israel, logo após a construção do Templo do Salomão. Havia em torno de 20 mil judeus na Índia até a independência do país em 1947, mas, com a criação do Estado de Israel, em 1948, muito deles migraram para esse novo local. Ainda que haja sinagogas em diversas cidades da Índia, a população judaica foi drasticamente reduzida e apresenta em torno de 5 mil membros na atualidade (Elazar, 2019).

6.4.2 Parses na Índia

Os parses são seguidores da tradição de Zaratustra, ou Zoroastro, que fundou uma religião na antiga Pérsia e no atual oeste do Irã por volta 600 a.C. A tradição de Zaratustra é popularmente conhecida como *zoroastrismo* e também chamada de *masdeísmo*, mas, na Índia, é conhecida como *parsismo*. Essa religião carrega o princípio do dualismo: uma guerra constante entre o bem e o mal.

Os seguidores do parsismo migraram para a Índia quando os árabes invadiram o Irã e ocuparam a região, em torno de 640 d.C., no processo de islamização. A comunidade que chegou à Índia e ocupou a área de Mumbai, elaborando principalmente as atividades comerciais e agrícolas (Somasekhar, 2017).

Os adeptos do parsismo são monoteístas e chegaram a contar com mais de 100 mil adeptos na Índia. Atualmente, esse número está caindo drasticamente em razão do contexto da globalização, que vem causando migrações para outros cantos do mundo. Conforme o censo realizado em 2001, havia 69 mil parses na Índia, boa parte deles ocupando cargos importantes na economia do país (Unisa; Bhagat; Roy, 2009).

SÍNTESE

Neste capítulo, abordamos algumas das tradições religiosas com menor números de adeptos que se encontram no subcontinente indiano. As tradições tribais são nativas da região e surgiram antes de o hinduísmo construir a própria identidade. Apesar de grande parte das tradições tribais terem perdido muitos dos próprios elementos e aderido a outras religiões dominantes, como o islamismo e o cristianismo, uma pequena parcela ainda conseguiu preservar suas especificidades. Por sua vez, religiões como o cristianismo e o islamismo, em virtude da característica de conversão dessas crenças, marcaram forte presença em terras indianas, inclusive influenciando a tradição nativa hinduísta no modo de pensar e agir.

Cabe ressaltar que é interessante a história religiosa desse belo país que conseguiu preservar suas diversas tradições ao longo dos séculos, mesmo que, na atualidade, apresente alguns problemas relativos à *hinduização*, termo que surgiu nos últimos anos, em razão da consciência política dos hindus, os quais declaram que a Índia deve seguir o hinduísmo.

Todavia, com a presença de múltiplas tradições, a Índia conseguiu manter a dimensão de uma mística que corre no interior de todas as religiões, que os indianos mesmo articulam como *dharma*, ou "verdade". Assim, a presença das tradições tribais e estrangeiras é uma indicação de que a Índia tem lugar para todas as crenças, sem distinção nem discriminação.

INDICAÇÃO CULTURAL

AMAR Akbar Anthony. Direção: Manmohan Desai. Índia: Kamlakar Karkhanis, 1977. 175 min.

Há vários filmes que tratam da relação entre diversas religiões. Destacamos *Amar Akbar Anthony*, que apresenta valores éticos da vivência religiosa com base na história de três irmãos adotados por famílias de três tradições presentes na Índia: hindu, muçulmana e cristã.

Atividades de autoavaliação

1. Quais são as principais tribos que ainda praticam a própria religião no subcontinente indiano?
   A] Tribo Bhil, tribo Hindu, tribo Abor, tribo Satal e tribo cristã.
   B] Tribo Santal, tribo Gond, tribo Bhil, tribo Todar e tribo Abor.
   C] Na Índia, não existem tribos nem outras práticas religiosas.
   D] Na Índia, estão as 10 tribos perdidas de Israel.
   E] Tribo Todar, tribo Gond e tribo do Islã.

2. Com relação ao cristianismo, quem primeiro evangelizou o subcontinente indiano?
   A] São Tomé foi o primeiro evangelizar o subcontinente indiano.
   B] São Pedro foi o primeiro evangelizar a Índia, antes de ir para Roma.
   C] Nenhum dos apóstolos foi à Índia para evangelizar; os comerciantes foram responsáveis pela evangelização do país.
   D] São Tiago foi o primeiro evangelizar a Índia.
   E] Maria Madalena foi a primeira mulher a seguir para a Índia para evangelizá-la.

3. Analise as afirmativas a seguir e identifique aquelas que apresentam informações corretas sobre as etapas de evangelização da Índia.
   I. A primeira etapa de entrada do cristianismo na Índia ocorreu com São Tomé no século primeiro.
   II. A primeira etapa de entrada do cristianismo na Índia ocorreu com São Tomé e depois ninguém mais voltou a evangelizar o país.
   III. Os portugueses fizeram a evangelização indiana, e não houve diversas etapas.
   IV. Na segunda etapa de evangelização, os portugueses levaram o cristianismo à Índia; na terceira etapa, os responsáveis pela evangelização foram os missionários europeus.

v. A primeira etapa de entrada do cristianismo na Índia foi realizada pelos portugueses e depois ninguém voltou ao país para evangelizá-lo.

Agora, assinale a alternativa que apresenta somente os itens corretos:

A] I e II.
B] I e III.
C] II e III.
D] I e IV.
E] I e V.

4. 4. Quais foram as principais características da islamização da Índia?

A] A islamização da Índia ocorreu desde o primeiro século da era cristã, quando Maomé esteve na região.
B] A islamização da Índia ocorreu somente na época dos reis persas.
C] A islamização na Índia ocorreu principalmente em três momentos: com as relações comerciais; no período de ocupação do trono indiano pelos reis de origem árabe e as invasões dos mogóis; e durante a invasão dos persas e seu domínio destes no trono indiano até a chegada dos ingleses.
D] A islamização da Índia aconteceu na época dos árabes, que buscavam especiarias indianas, e depois a região não recebeu mais influência do islamismo.
E] A islamização da Índia aconteceu durante o período em que os portugueses chegaram ao país.

5. Analise as afirmativas a seguir e indique V para as verdadeiras e F para as falsas.

[ ] Os judeus também marcaram presença no subcontinente indiano desde os tempos da diáspora judaica.

[ ] Os judeus nunca pisaram na Índia, a não ser para o comércio de especiarias.
[ ] Os judeus foram expulsos logo que entraram na Índia.
[ ] Os judeus estiveram na Índia depois da independência do país, em 1947.
[ ] Os judeus foram para Arábia, e não para a Índia.

Agora, assinale a alternativa que apresenta sequência correta:

A) V, F, F, F, F.
B) F, F, F, F, V.
C) V, V, V, V, V.
D) F, V, F, V, V.
E) V, F, V, F, V.

Atividades de aprendizagem

Questões para reflexão

1. Realize uma pesquisa sobre as diversas religiões presentes no subcontinente indiano. Quais as diferenças e as semelhanças entre essas regiões?
2. A maior parte da população indiana é hinduísta. Ainda assim, a presença cristã é muito expressiva e visível nas áreas da educação e da saúde daquele país. Faça uma pesquisa sobre os cristãos na Índia. Quais as dificuldades e as facilidades da vida religiosa desse grupo?

Atividade aplicada: prática

1. Realize uma pesquisa sobre aldeias indígenas existentes em sua região. Em seguida, organize uma visita a uma dessas aldeias para conhecer os costumes e observar os ritos e as práticas religiosas dos indígenas. Em seguida, elabore um texto sobre as práticas indígenas observadas durante sua visita à aldeia, comparando-as com as práticas de sua própria tradição religiosa.

CONSIDERAÇÕES FINAIS

A Índia é um museu etnográfico, histórico e religioso, mas também é uma região de contexto dinâmico, no qual coincidem a modernidade e o arcaísmo milenar. Quem consegue tecer esses dois universos é a cultura indiana, que carrega diversidades e contradições. Por isso, admirando esse universo, Paz (1995, p. 75) esclarece que a Índia "é uma realidade que é mais fácil enumerar e descrever que definir".

Nesse sentido, ao longo deste livro, apresentamos a história milenar das tradições religiosas existentes na Índia sob os pontos de vista religioso, histórico e cultural. O estudo das crenças é um fator que leva muitos pesquisadores, antropólogos, sociólogos, arqueólogos e artistas a tentar compreender esse país sob óticas diferentes, mas eles acabam se submetendo à principal perspectiva: a religiosa. Essa realidade permite considerar que a Índia, de fato, é múltipla em todos os sentidos, sendo essa multiplicidade costurada principalmente pela religiosidade.

O povo indiano é religioso, e essa característica é perceptível em toda a camada humana, desde o povo simples e trabalhador, que batalha pela sobrevivência, até o marajá, aquele que usufrui de luxo e de riqueza. Nos templos indianos, tanto o rico quanto o pobre andam descalços, prostram-se lado a lado e recebem a orientação e a benção do mesmo sacerdote seminu sentado ao lado da imagem da divindade. Todos os indianos, apesar de adeptos de tradições religiosas diferentes, sentem tranquilidade quanto à manifestação da própria fé. Portanto, afirmamos que a Índia realmente é a terra dos deuses, ou seja, as divindades de diversas religiões convivem naquele país com tranquilidade, assim como faz o povo indiano.

Outro fator importante que destacamos é que a população da Índia tem facilidade em trilhar o próprio caminho religioso de uma forma mais abrangente. O pensamento indiano sempre foi contra a absolutização de uma única divindade, tanto que diversos líderes místicos apontaram que o deus que cada um segue é o mesmo, mas carrega diversos nomes.

Raimon Panikkar (1918-2010), de origem indo-espanhola, uma das maiores autoridades no diálogo inter-religioso, descreveu sua trajetória religiosa: "Eu 'parti' como Cristão, 'encontrei a mim mesmo como Hindu, e 'retornei' como Budista, sem nunca ter deixado de ser Cristão" (Panikkar, citado por Knitter, 2002, p. 126, tradução nossa).

Assim, neste livro apresentamos, em um primeiro momento, os múltiplos fatores que levaram à construção da diversidade religiosa na Índia. Nosso propósito foi mostrar como todas as vertentes unem-se de forma harmônica ao redor dessa diversidade.

Dessa maneira, apresentamos a tradição hindu, que se originou na Índia e mantém forte presença na região como uma das religiões mais antigas do mundo. Destacamos também outras duas tradições, o jainismo e o budismo, que nasceram como protesto contra o hinduísmo, principalmente em relação à complexidade dos rituais e ao opressivo sistema de castas. Essas duas religiões fornecem uma visão mais antropocêntrica e racional em busca de libertação e iluminação.

Abordamos também uma nova tradição, o sikhismo, que teve a origem na fusão entre o hinduísmo e o islamismo – principalmente da corrente mística islâmica. Tratamos também das religiões que se abrigaram na Índia, principalmente o cristianismo e o islamismo, além de termos mencionado os judeus e os parses. Nesse viés, apontamos, ainda, as tradições tribais originárias da

Índia e que conseguiram preservar os próprios conteúdos religiosos, assim como outras tribos que não conseguiram manter suas particularidades.

Evidenciamos que em todas as tradições há um fio condutor que as une. Esse fator é chamado de *ar cultural* indiano, ou *dharma* ("ética" ou "verdade"). Esse liame é o ponto de partida para a convivência pacífica entre as diversas tradições, talvez uma das maiores buscas do ser humano contemporâneo em todos os lugares. As palavras de Tagore (citado por Dalai-Lama, 2015, p. 5) ecoam e nos colocam no eixo desse fio condutor:

> As raças da humanidade nunca mais poderão voltar às suas cidadelas de exclusividade murada. Hoje, elas estão expostas umas às outras, física e intelectualmente. As conchas, que por tanto tempo lhes deram total segurança dentro de seus compartimentos individuais, foram quebradas, e não há processo artificial pelo qual poderão ser coladas de novo. Portanto, temos de aceitar esse fato, mesmo que ainda não tenhamos adaptado por completo nossa mente a esse ambiente alterado de publicidade, mesmo que nisso talvez tenhamos de correr todos os riscos envolvidos na expansão mais ampla da liberdade da vida.

Nenhum outro país tem tanta clareza e eficiência para estabelecer harmonia entre as religiões quanto a Índia. Não por acaso, o conceito de "zero" foi inventado pelos indianos. Esse signo consegue costurar todos os cálculos matemáticos e, ao mesmo tempo, contemplar a unidade religiosa como um todo. Para chegar a essa compreensão, é necessário caminhar, como Knitter (2002, p. 11, tradução nossa) afirma: "Para trilhar nosso próprio caminho de fé, precisamos caminhar com pessoas de diferentes caminhos".

Nesse sentido, a Índia caminhou desde os tempos milenares – caminhou com as pessoas de múltiplas tradições; os deuses conviveram em concórdia, respirando o mesmo ar, bebendo a água da mesma fonte, apresentando ao mundo a possibilidade de existir de forma harmônica. A criação de uma conciliação genuína não depende da aceitação de que todas as religiões são fundamentalmente a mesma ou que levam ao mesmo lugar. A Índia compreendeu esse compromisso há milênios e, portanto, ela é chamada de *terra dos deuses*.

GLOSSÁRIO

Ahimsa – Não violência.

Aparigraha – Desapego total de pessoas, lugares e coisas.

Arhats – Seres honrados, grandes mestres que ensinam o caminho da libertação.

Artha – Suposição, riqueza. Nas línguas indianas essa palavra remete a múltiplos significados.

Ashram – Lugar onde residem o mestre e os discípulos. Também pode designar um mosteiro. Simbolicamente, indica os quatro estágios pelos quais o ser humano deve passar segundo o sistema social védico: (1) *brahmacharya* (celibato); (2) *grahasta* (chefe da família); (3) *vanaprastha* (afastamento da vida social); e (4) *sanyasa* (renúncia ou ascese).

Asteya – Conceito que indica que a pessoa não deve pegar nada que não lhe seja dado.

Avatar – Conceito que diz respeito às diversas encarnações de uma divindade para estabelecer a ordem. Literalmente traduzido como "alguém que desce", representa uma encarnação plena ou parcialmente dotada de poder divino, ou seja, alguém que desce para cumprir uma missão específica.

Brahma – A primeira pessoa da tríade hindu, frequentemente representado com quatro braços e quatro rostos e portando diversos símbolos religiosos. É considerado o criador de todas as coisas.

Carma – Obras, atos ou ações. Indica as consequências dos atos que, de modo mágico, acorrentam o homem ao ciclo das reencarnações. Representa a lei da ação e da reação, expressão da justiça imanente.

Chakravartin – O rei que move as rodas, simbolizando um imperador que tem todo o poder e toda a arte das guerras.

Dalai-Lama – Líder espiritual do budismo tibetano.

Dharma – Termo de múltiplos significados. Pode indicar o mérito, a moral ilibada, a virtude, a verdade ou um modo de vida. Também é interpretado como o caminho correto ou os princípios religiosos. Seu sentido mais verdadeiro, entretanto, é "aquilo que contém tua verdadeira natureza".

Darsana – Visão. Normalmente, o termo é utilizado no sentido de "ver e ser visto" pela divindade. Também indica os seis sistemas filosóficos indianos, conhecidos como *darsanas*.

Digambaras – Um dos ramos do jainismo. A grande maioria dos adeptos dessa vertente encontra-se no sul da Índia. Etimologicamente, são aqueles que consideram o céu como o próprio vestido, portanto, andam sempre nus.

Dinakar – Aquele que faz acontecer o dia. Refere-se ao Sol, pois ele, com seus raios suaves, inicia o dia; esse nome estende-se às horas iniciais do dia.

Dukkha – Conceito-chave do budismo, tradicionalmente visto como "sofrimento", mas também pode ser traduzido como "desejo que prejudica o caminho da iluminação".

Guru – Mestre.

Guru ka langar – Cozinha comum para dar a comida aos adeptos.

Gurudwara – A entrada do templo. No caso do sikhismo, é o próprio templo.

Hanuman – Deus-macaco. É personagem importante no livro *Ramayana*.

Himsa – Violência.

Hinayana – Pequeno veículo. É a escola mais conservadora do budismo.

Jaina – O ser que conquistou o conhecimento espiritual. Também pode representar aquele que atingiu o estado da iluminação.

Kama – Desejo ou anseio muito intenso. É uma recordação dos prazeres e das dores sentidos em encarnações anteriores. Com frequência, tais recordações são causas de maus hábitos, como fumar e beber.

Kara – Aquele que faz acontecer.

Lakshmi – Esposa do deus Vishnu. Simbolicamente, remete à ideia de deusa de bens materiais.

Loka – O universo que compreende os três níveis: o firmamento, a terra e a parte inferior.

Maha – Grande ou maior.

Mahabharata – Épico indiano de caráter enciclopédico que conta a luta entre os Pandavas e os Kauravas.

Mahaveera – Grande herói.

Mahayana – Grande veículo do budismo, que incorpora os elementos ritualísticos que o próprio Buda criticou durante sua vida.

Manmukh – Estágio inferior do ser humano.

Martand – Refere-se ao Sol durante o período de raios intensos, aproximadamente entre as 9 e as 15 horas.

Moksha – Salvação ou libertação da realidade ilusória.

Punjab – Um dos estados da Índia, onde a maioria da população pertence ao sikhismo.

Purusha Sukta – Hino primordial sobre a criação do ser humano apresentado no Rig Veda. Conforme esse hino, o homem saiu do senhor (Deus) chamado *Purusha*: de sua cabeça, veio a classe sacerdotal, os brâmanes; da região de seu peito, saiu a classe dos guerreiros, os *kshatriyas*; da região de seu abdômen, provieram as classes dos comerciantes e dos agricultores, os *vaishyas*; por fim, de suas pernas, saiu a classe dos trabalhadores sem remuneração, os *shudras*. Desse hino surgiu a ideia de classificar toda a sociedade por meio do sistema de castas.

Rajanikar – O fazedor da noite. Refere-se também ao Sol no período da tarde, ou Sol poente.

Ramayana – Épico de 1000 páginas de 48 versos, composto por Valmiki em cerca de 300 a.C. Trata-se da guerra entre o bem e o mal.

Samsara – Fluxo de vida ou o eterno fluir.

Sanyasin – O renunciante.

Satya – Verdade.

Shakyas – Uma das tribos que reinava o norte da Índia, na qual o Siddhartha nasceu no ano 560 a.C.

Shvetambaras – O segundo ramo do jainismo. A grande maioria dos adeptos dessa vertente encontra-se na região norte da Índia.

Sidhas – Almas libertadas.

Smrti – Aquilo que é lembrado. Trata-se do segundo estágio da compilação das sagradas escrituras hinduístas. Depois de um lapso de tempo, outros sábios buscaram a experiência meditativa, mas somente aquelas que se encontram em sintonia com as experiências do primeiro estágio são acrescentadas ao conjunto das sagradas escrituras.

Sruti – Aquilo que é ouvido. Trata-se do primeiro estágio da construção das sagradas escrituras hinduístas: o ouvir.

Suástica – Símbolo da religião jainista, também conhecido como *cruz primordial*.

Theravadins – Seguidores da doutrina original ou seguidores dos anciãos.

Tirtha – A muralha ou um meio de cruzar. Denota uma filosofia ou um guia espiritual que ajuda o indivíduo a atravessar o oceano de renascimentos neste mundo.

Tusita – Lugar celestial budista onde residem os seres iluminados.

Vajrayana – Veículo de diamante. É uma escola budista que teve origem na região do Tibete.

Vanaprastha – Homem que se retirou da vida familiar para cultivar a renúncia, de acordo com sistema social védico.

Varna – Cor da pele, casta. Os arianos tinham pele clara e os nativos dravidianos, pele escura. Para manter essa diferenciação, os hindus inventaram um complexo sistema de divisão social por meio de castas.

Varnashramadharma – Sistema social védico, que organiza a sociedade em quatro divisões ocupacionais, conforme a cor da pele; quatro divisões de busca espiritual (Varnas e Ashramas).

REFERÊNCIAS

ANAND, S. **Hindu Inspiration for Christian Reflection**: towards a Hindu-Christian Theology. India: Gujarat Sahitya Prakash, 2004.

ANDRADE, J. **Dança clássica indiana**: história, evolução, estilos. Edição do autor. Curitiba: [s.n.], 2008.

_____. Imagens que falam: uma aproximação da iconografia hindu. **Revista Estudos da Religião**, São Paulo, n. 4, p. 1-17, 2006. Disponível em: <https://www.pucsp.br/rever/rv4_2006/p_andrade.pdf>. Acesso em: 19 nov. 2019.

_____. **O dançarino divino**: um estudo antropológico sobre a dança clássica indiana. 196 f. Dissertação (Mestrado em Antropologia Social) – Universidade Federal do Paraná, Curitiba, 2003.

_____. Quando o Himalaia flui no Ganges: a influência da geografia do subcontinente indiano sobre a configuração do hinduísmo. **Interações**, Uberlândia, v. 5, n.7, p. 39-58, jan./jun. 2010. Disponível em: <http://periodicos.pucminas.br/index.php/interacoes/article/view/6451/5906>. Acesso em: 19 nov. 2019.

_____. Reforma Protestante: perspectiva oriental. **Studium Revista Teológica**, Curitiba, ano 11, n. 20, p. 58-73, 2017.

_____. **Shiva abandona seu trono**: destradicionalização da dança hindu e sua difusão no Brasil. 320 f. Tese (Doutorado em Ciências da Religião) – Pontifícia Universidade Católica de São Paulo, São Paulo, 2007. Disponível em: <http://www.educadores.diaadia.pr.gov.br/arquivos/File/2010/artigos_teses/ENSINORELIGIOSO/teses/shiva.pdf>. Acesso em: 19 nov. 2019.

ANTOINE, R. Hindu Ethics: General Ethics. In: SMET, R. de; NEUNER, J. (Ed.). **Religious Hinduism**. Mumbai: St. Pauls, 1997. p. 152-158.

BEVANS, S.; SCHROEDER, R. **Constants in Context**: Theology of Mission for Today. New York: Orbis Books Maryknoll, 2011.

BOWKER, J. **Para entender as religiões**: as grandes religiões mundiais explicadas por meio de uma combinação perfeita de texto e imagens. São Paulo: Ática, 1997.

CARRIÈRE, J.-C. **Índia**: um olhar amoroso. Tradução de Claudia Fares. Rio de Janeiro: Ediouro, 2002.

CHOPRA, D. **As sete leis espirituais do sucesso**: um guia prático para a realização de seus sonhos. São Paulo: Best Seller, 1994.

CORT, J. Murtipuja in Svetambar Jain Temples. In: MADAN, T. (Ed.). **Religion in India**. London: Oxford University Press, 1992. p. 216-226.

DALAI-LAMA. **Uma ponte entre as religiões**: por uma verdadeira comunhão da fé. São Paulo: M. Fontes: 2015.

DANIÉLOU, A. **Shiva e Dioniso**: a religião da natureza e do eros. Tradução de Edison Darci Heldt. São Paulo: M. Fontes, 1989.

DAS, M. Hindu Iconography. In: MATAJI, V. (Ed.). **Shabda Shakti Sangam**. Rishikesh: Jeevan-Dhara Sadhana Kutir, 1995. p. 23-29.

ELAZAR, D. J. **The Jewish Community of India**. Disponível em: <http://www.jcpa.org/dje/articles2/india.htm>. Acesso em: 20 nov 2019.

GEERTZ, C. **Islam Observed**: Religious Development in Morocco and Indonesia. New Haven: Yale University Press, 1968.

GETHIN, R. **The Foundations of Buddhism**. New York: Oxford University Press, 1998.

GHEORGHIU, V. **A vida de Maomé**. Lisboa: Edições 70, 2002. (Coleção História Narrativa).

GHISLANDI, C.; TAIMEI, K. **As grandes religiões**: a longa viagem do budismo. São Paulo: Mundo e Missão, 1986.

GOVINDA, A. B. **Art and Meditation**. Delhi: Book Faith India, 1999.

GUERRIERO, S. (Org.). **O estudo das religiões**: desafios contemporâneos. São Paulo: Paulinas, 2003.

HART, W. **Meditação vipassana**: a arte de viver segundo S.N. Goenka. Washington: Pariyatti, 1987.

HAYS, J. Tribal People Of India. **Facts and Details**, 2008. Disponível em: <http://factsanddetails.com/india/Minorities_Castes_and_Regions_in_India/sub7_4h/entry-4216.html>. Acesso em: 26 nov. 2019.

IYER, K. Hinduism Today: an Evolving Profile. In: MATAJI, V. (Ed.). **Shabda, Shakti, Sangam**. Rishikesh: Jeevan-Dhara Sadhana Kutir, 1995. p. 175-178.

JANSEN, J. (Comp.). **O livro das imagens hinduístas**. São Paulo: Totalidade, 1995.

JOHANNS, J. Ritual in Hinduism. In: SMET, R. de; NEUNER, J. (Ed.). **Religious Hinduism**. Mumbai: St. Pauls, 1997. p. 27-38.

KNITTER, P. F. **Introducing Theologies of Religions**. New York: Orbis Books, 2002.

KÜNG, H. **Religiões do mundo**: em busca dos pontos comuns. Campinas: Verus, 2004.

LOKESWARANANDA, S. The Essence of Hinduism. In: MATAJI, V. (Ed.). **Shabda Shakti Sangam**. Rishikesh: Jeevan-Dhara Sadhana Kutir, 1995. p. 3-8.

MADAN, T. (Ed.). **Religion in India**. London: Oxford University Press, 1992.

MOFFETT, S. H. **A History of Christianity in Asia**: Beginnings to 1500. New York: Orbis Books, 1998. v. I.

NATIONAL ARCHIVES OF INDIA. Disponível em: <http://nationalarchives.nic.in>. Acesso em: 26 nov. 2019.

PADROADO. In: **Educalingo**. Disponível em: <https://educalingo.com/pt/dic-pt/padroado>. Acesso em: 26 nov. 2019.

PARTHASARATHY, A. **The Symbolism of Hindu Gods and Rituals**. Bombay: Arun Mehata Vakil and Sons, 1985.

PAYER, A. Buda. In: BRUNNER-TRAUT, E. (Org.). **Os fundadores das grandes religiões**. Petrópolis: Vozes, 1999. p. 155-176.

PAZ, O. **Vislumbres da Índia**: um diálogo com a condição humana. São Paulo: Mandarim, 1995.

PEREIRA, L. Sikhism. In: SMET, R. de; NEUNER, J. (Ed.). **Religious Hinduism**. Mumbai: St. Pauls, 1997. p. 242-250.

RENARD, J. **Responses to 101 Questions on Buddhism**. Mumbai: Bandra, 2001.

RINPOCHE, S. **O livro tibetano do viver e do morrer**. São Paulo: Talento, 2008.

SAMTEN, P. **Meditando a vida**. São Paulo: Peirópolis, 2008.

SIMÕES, G. J. **O pensamento vivo de Buda**. São Paulo: M. Claret, 1985.

SMET, R. de; NEUNER, J. (Ed.). **Religious Hinduism**. Mumbai: St. Pauls, 1997.

SOMASEKHAR, M. How Parsis, with Persian Roots, Flowered in Indian Soil. **The Hindu Business Line**, 19 June 2017. Disponível em: <https://www.thehindubusinessline.com/news/variety/how-parsis-with-persian-roots-flowered-in-indian-soil/article9730657.ece>. Acesso em: 27 nov. 2019.

STIERLIN, H. **Hindu India**: From Khajuraho to the Temple City of Madhurai. Köln: Taschen, 1998.

TOROPOV. B.; BUCKLES, L. **O guia completo das religiões do mundo**. São Paulo: Madras, 2006.

UBEROI, J. Five Symbols of Sikh Identity. In: MADAN, T. (Ed.). **Religion in India**. London: Oxford University Press, 1992. p. 320-330.

UNISA, S.; BHAGAT, R. B.; ROY, T. K. Demographic Predicament of Parsis in India. In: International Population Conference, 26., 2009, Marrakech. **Proceedings**... Disponível em: <https://iussp2009.princeton.edu/papers/91429>. Acesso em: 27 nov. 2019.

WILFRED, F. **On the Banks of Ganges**: Doing Contextual Theology. Delhi: ISPCK, 2002.

YUN, S. S. V. **Buda, nosso grande senhor**: biografia resumida do Buda Sakyamuni. São Paulo: Fundação Fuman, 1986.

BIBLIOGRAFIA COMENTADA

BOWKER, J. **Para entender as religiões**: as grandes religiões mundiais explicadas por meio de uma combinação perfeita de texto e imagens. São Paulo: Ática, 1997.
John Bowker apresenta o universo das tradições religiosas por meio de ilustrações. Todas as tradições contidas nessa obra carregam uma rica simbologia, e o autor trata minuciosamente os significados de cada figura, facilitando sua compreensão. O texto com imagens é um método muito criativo que simplifica a aprendizagem.

BRUNNER-TRAUT, E. (Org.). **Os fundadores das grandes religiões**. Petrópolis: Vozes, 1999.
Esse livro enfatiza os fundadores de tradições religiosas e suas doutrinas. É uma compilação de estudos escritos por especialistas de cada doutrina. A obra auxilia muito no conhecimento adequado sobre os fundadores dessas religiões, suas vidas e suas propostas doutrinárias.

KÜNG, H. **Religiões do mundo**: em busca dos pontos comuns. Campinas: Verus, 2004.
Hans Küng, uma das celebridades mundiais no campo do diálogo inter-religioso, leva o leitor a todos os lugares onde surgiram as grandes religiões. Esse livro oferece uma visão clara dos contextos do nascimento das tradições, seus fundadores e suas doutrinas. Além disso, a obra apresenta a trajetória histórica da difusão de cada religião e a aplicação de suas mensagens aos tempos contemporâneos em contextos diversificados.

PAZ, O. **Vislumbres da Índia**: um diálogo com a condição humana. São Paulo: Mandarim, 1995.

Octávio Paz aborda um panorama geral da cultura indiana em diversas dimensões. O próprio título fala sobre os vislumbres da Índia, pois o autor consegue fornecer uma imagem geral e, ao mesmo tempo, apresentar aspectos específicos especialmente da tradição hinduísta. De fato, esse livro dialoga de uma forma agradável com a condição humana da Índia.

RESPOSTAS

Capítulo 1
1. b
2. d
3. d
4. a
5. c

Capítulo 2
1. b
2. a
3. d
4. c
5. a

Capítulo 3
1. b
2. c
3. c
4. d
5. a

Capítulo 4
1. a
2. c
3. a
4. d
5. b

Capítulo 5
1. 1. d
2. 2. b
3. 3. d
4. 4. b
5. 5. a

Capítulo 6
1. b
2. a
3. d
4. c
5. a

SOBRE O AUTOR

Nascido na cidade de Mangalore, no sul da Índia, **Joachim Andrade** chegou ao Brasil em 1992. Depois de uma breve passagem por Brasília para aprofundar-se no idioma e na cultura do país, instalou-se na cidade de Curitiba, no Paraná. É formado em Filosofia (1985) e Teologia (1991) pelo Pontifício Instituto de Filosofia e Religião Jnana Deepa Vidyapeeth, em Pune, e em Literatura Inglesa e História (1983) pela Universidade de Mysore, em Guwahati, na Índia; especialista em Dança Clássica Indiana (1991), pelo Gyan Ashram Institute of Performing Arts, em Mumbai, na Índia; mestre em Antropologia Social (2003) pela Universidade Federal do Paraná (UFPR); e doutor em Ciências da Religião (2007) pela Pontifícia Universidade Católica de São Paulo (PUC-SP). Publicou diversos artigos científicos e escreveu os seguintes livros: *Dança clássica indiana: história, evolução, estilos* (2008) e *Teologia dos sacramentos* (2018); é organizador da obra *Caminhos para a missão: fazendo a missiologia contextual* (2008) e tradutor do livro *Diálogo profético: missão no mundo contemporânea* (2016). Foi coordenador do setor de Dimensão do Ecumenismo e Diálogo Inter-Religioso da Arquidiocese de Curitiba (2004-2007). Atualmente, é assessor do Centro Cultural Missionário dirigido pela Conferência Nacional dos Bispos do Brasil (CNBB) e membro da equipe nacional interdisciplinar da Conferência dos Religiosos do Brasil (CRB), em Brasília, e do comitê de avaliação da Universidade de Mysore, além de professor na faculdade Claretiano – Studium Theologicum, na Faculdade Vicentina (Favi) e na Pontifícia Universidade Católica do Paraná (PUCPR), em Curitiba.

Os papéis utilizados neste livro, certificados por instituições ambientais competentes, são recicláveis, provenientes de fontes renováveis e, portanto, um meio responsável e natural de informação e conhecimento.

FSC
www.fsc.org
MISTO
Papel produzido
a partir de
fontes responsáveis
FSC® C103535

Impressão: Reproset
Fevereiro/2023